はじめに

弘法大師——心に温かく響く大師号

平安時代の初めに、一人の修行者が人生を一直線に深く、そして重《おも》く駆け抜けていきました。むろん宗教家として、最先端の文化人として、文章家・書家、そして教育者として、社会事業家として、大きな才能を発揮して活躍しました。その人こそ、空海といいます。

後世、人びとは尊称して「弘法大師」と呼びかけました。「弘法大師」という呼び名は、不思議と心に温かい。ふつう仏教の高僧方に授けられる「大師号」は、国家がその権力の配下に位置づけるために授与するものであって、決して私たち庶民の側からのものではありません。にもかかわらず、私たち庶民のなかに弘法大師のみ、どうして心に温かいのでしょうか。

「弘法」という呼び名じたい素晴らしいものであることは、だれしもが認めるところです。しかし、それ以上に今日でも、大師の生の声が響きわたっているからではないでしょうか。現在、私たちがもっている大師像は、

まず「南無大師遍照金剛」と念じ礼拝する対象者として、

私たちの素朴な願いをかなえたり、病気を治してくれる者として、

温かい血をいまだにかよわせている入定者として、

大師を求めて四国の地を巡礼する人々には、同行者となって必ず姿を見せてくれる人として、
あるいは高度な思想大成者として、偉大な文化人として、
そして何よりも大宗教家として、

などのように、重視しかつダイナミックな活動者としてのイメージをふくらますことが可能です。

これは一二〇〇年もの間、日本人の心が大師を確実に受け取り、生かしてきた何よりの証拠となるものでありましょう。よって現在の私たちは、大師に近づく仕方においても、いたって自由を与えられているのです。私たちがどのような呼びかけをしても、大師は必ず答えてくれます。

「弘法大師」という呼び名は、その名を与えた人たちの意図をはるかに超えて生きています。そのために心に温かく響いてくるのではないでしょうか。

「空海」「遍照金剛」などの名前の由来

さて「弘法大師」とは後世が与えた名称でありますが、自ら称する場合は、空海・沙門《しゃもん》遍照・遍照金剛・南岳沙門遍照などと書簡の末尾に記しています。

「沙門」とは、サンスクリット語シュラマナ（sramana）の音写で、修行者という意味であり、インド以来使われている呼び名です。

「遍照金剛」とは、大師が中国にわたって恵果《けいか》阿闍梨に従って密教の教えを受け、マンダラ会上の諸尊と縁を結ぶ「投花得仏」の儀式（灌頂《かんじょう》）を行った時、胎蔵法マンダラと金剛界マンダラとの中央の大日如来に両度にわたって結縁をしました。そして、「大日」はサンスクリット語ヴァイローチャナ（vairocana）が「遍く照らす」と

訳されることから「遍照」とさらに「金剛」と自称したのでありましょう。空―金剛―智慧、海―遍照―慈悲でありますす。むろん、そこには胎蔵法・金剛界の大日如来の「内証」をすでに体得したという自信の表明もこめられていたはずです。

「空海」の名称は、大師が青年期の修行時代をくぐりぬけて歴史の表面におどり出たとき、すなわち入唐のための学生《がくしょう》の一人としてその名をとどめたとき、すでに名乗っていたものです。それ以前には、「教海」と名乗り、「如空」と名乗っていた時期もあったようですから、それらの名の一字ずつを取って「空海」と名乗ったのであろうと想像されています。

空と海の、一つひとつが広大なるものであり、その広大なるものが二つ合わさるのですから、大師の気宇《きう》の壮大さに圧倒されます。教えの大海に乗り出し、空なる悟りの世界をわがものとした大師の、実際の宗教的体験から生まれ出たものとも言えます。あるいは、山野を歩きまわった若き日の厳しい修行時代に、吉野や熊野の山中での満天に星の輝く大空と、四国の室戸岬で観想した太陽を生み出しその太陽を柔らかく包みこむ大海とを、合わせて想念したのでありましょうか。

また大師は幼少の頃「真魚《まお》」と呼ばれ、家人からは「貴物《とうともの》」と字《あざな》されていたといいます。

これら多くの名称をすべてを含んで、「弘法大師」はおわします。

空海の声が聞こえてきます

人は権力者に侍る祈禱者・祈雨者・超能力者としての大師を批判する場合があります。そして人は、修行者たる沙門空海をことさらに愛《め》でます。とまれ、私たちはもっと自由に大師をながめる必要があります。大師は振幅の大きな精神の持ち主です。私たちの精神の振幅もなるべく大きくするよう努力すべきではないでしょうか。

宇宙には、時々刻々に一大音が鳴り響いているといいます。しかし人間の聴覚では聞くことのできない音響です。大師の声も宇宙の音のように鳴り響いています。その振幅の大きな声は、時には声高に、時には声低に聞こえてきます。これから、本書を通してその声を聞く作業を始めましょう。

現在、四国八十八ヶ所を遍路修行する人びとは、〝南無大師遍照金剛〟と念誦しておりますが、それこそが弘法大師空海に帰依するという信仰の表明にほかなりません。しかし、空海がどのようなことを考え、行動されたかは、意外と知られていないのではないでしょうか。

空海は、多くの著作を残しました。今回はそれらの著作から『秘蔵宝鑰《ひぞうほうやく》（心の秘宝を開く鍵）』を取り上げます。この著作には、同じ趣旨を論じた広範な『秘密曼荼羅十住心論《ひみつまんだらじゅうじゅうしんろん》』（全十巻）があり、これを広論といい、『秘蔵宝鑰』を略論とよんでおります。略論は、ただ広論の趣旨を略述しただけではありません。論述の骨子は同じでありつつも、まったく別の著作のように工夫されております。そして、この書は空海が厳しい修行の暁に、その軌跡を基にしてご自身の精神遍歴をまとめられたものでもあります。それがそのまま人類の精神発展史とかさなっていることは、おどろきです。

私は、これから『秘蔵宝鑰』の解説を試みるわけですが、自由な考察のもとに、できれば空海思想の全体にわたってのコメントを加えてみようと思います。すなわち、空海思想入門ということを意識しつつ、さらに空海の聖句を紹介し、理解の助けとしたいと思っております。

空海は、もっぱら法を説く人でした。ですから、なかなか空海の肉声が聞きにくいのですが、この『秘蔵宝鑰』を静かに読んでいきますと、まさにその声が、空海の声が聞こえて参ります。

空海「秘蔵宝鑰」をよむ／目次

【コラム】

【参考とした書物】

一、本書のテクストは、『弘法大師著作全集』第一・二・三集、勝又俊教編修（山喜房佛書林）を使用しました。この三巻には、弘法大師空海の著作がほぼ全部、書き下し文に語註がつけ、おさめられております。

二、『秘蔵宝鑰』の伝統的な解釈を知りたい場合には、『秘蔵宝鑰講義』、高井観海著があります。昭和一〇年の発行ですが、再版されておりますので入手可能です。

三、『秘蔵宝鑰・般若心経秘鍵』勝又俊教著（仏典講座32　大蔵出版株式会社）。広く仏教学的に解説したもので私もたえず参照させていただいたものです。

四、『密教世界の構造―空海「秘蔵宝鑰」―』宮坂宥勝著（ちくま学芸文庫）。広い視野からの自由な考察が展開されており、文庫というハンディさもあり、必読すべきでしょう。

五、現代語訳『秘蔵宝鑰―密教への階梯―』福田亮成著（弘法大師に聞くシリーズ②、ノンブル社）があります。なるべく本文にそってその理解をたすける、というスタンスにもとづき解説したものです。

六、訳注『秘蔵宝鑰』松長有慶著（春秋社）。もっとも最近刊行された成果です。

七、「要語解説」では福田亮成編『真言宗小事典』（法蔵館）から該当する項目を転載しました。また「空海＝弘法大師年譜」は、拙著『弘法大師の教えと生涯』（ノンブル社）から転載しました。

【空海思想を勉強するためのガイド】

一、空海思想をより深く、そして広く勉強しようとしますと、インドの初期仏教から大乗仏教、そして密教への展開について、概観しておく必要がありましょう。次に、仏教の中国への流入と、中国仏教の展開。さらに、隋・唐仏教の日本への請来にもとづく、日本での仏教展開についても、一瞥しておく必要があります。このように言いますと、あまりにも多くの研究成果があり、戸惑う面もあるかと思いますが、このあたりの仏教知識の集約にたえず心がけていただきたいと思います。

ここでは、廉価で入手可能な書籍に限定して紹介します。

（1）『ゴータマ・ブッダ』中村元著（法蔵館）

（2）『新釈尊伝』渡辺照宏（ちくま学芸文庫）

さらに、仏教概論につきましては、

（3）『仏教』渡辺照宏（岩波新書）

（4）『お経の話』渡辺照宏（岩波新書）

（5）『日本の仏教』渡辺照宏（岩波新書）

この書を特にあげますのは、日本密教についての記述について明解なものがあるためです。他に、日本仏教の歴史については、多くの成果があるので読み進めていただきたいと思います。

二、いよいよ密教にかかわる知識が必要になってきました。

（6）『密教の歴史』松長有慶（平楽寺書店）

（7）『密教―インドから日本へ―』松長有慶（中公文庫）

（8）『密教』松長有慶（岩波新書）。

これらの著作を通して密教の歴史を把握していただいて、

（9）『密教の哲学』金岡秀友（講談社学術文庫）。

この書によって日本密教教義の構造を学んで欲しいと思います。

三、次に空海思想にせまっていくわけですが、まず、空海の伝記の理解が必要です。

（10）『沙門空海』渡辺照宏・宮坂宥勝（ちくま学芸文庫）

（11）『空海―生涯と思想―』宮坂宥勝（ちくま学芸文庫）

（12）『弘法大師の教えと生涯』福田亮成（ノンブル社）

（13）『知識ゼロからの空海入門』福田亮成（幻冬社）

さらに、空海の著作に直入していただきたいと思います。『弘法大師空海全集』（全八巻、筑摩書房）は、現在でも入手可能です。本文の書き下し、語注と現代語訳とを含んでおり、大変に便利です。この中の、

（14）『空海コレクション』Ⅰ、Ⅱ。宮坂宥勝監修（ちくま学芸文庫）

には、主要な著作が収録されております。また、

（15）現代語訳『般若心経秘鍵』福田亮成（ノンブル社）をはじめとして、主要著作が七巻と、『菩提心論』も加えて刊行されております。

（16）『真言宗小事典』福田亮成（法蔵館）

以上、入手可能な入門書類をピックアップしてきました。詳細に取り上げればもっと多くの書名をあげることができますが、次に、

（17）『密教の学び方』宮坂宥勝（法蔵館）があります。もっと、決定的なものに、

（18）『密教を知るためのブックガイド』松長有慶（法蔵館）があります。これらの導きの書によって、実に多くの事柄を学ぶことができるでしょう。

【凡例】

一、『秘蔵宝鑰』の本文は、『弘法大師著作全集』第一、勝又俊教編修（山喜房佛書林刊、平成六年四月八日　修訂第一四版）を使用しました。第一巻・一二四頁は、一―一二四としました。空海の他の著作からの引用は、全三巻ですので、二―〇〇〇、三―〇〇〇としました。

二、空海の著作以外は、必ずしも刊行本の頁数を示しませんでした。

三、弘法大師空海の表記は、空海に統一しました。

四、空海の文を直接読んでもらいたいために、書き下し文をあげましたが、場合によっては口語訳をもってそれにかえた場合があります。

五、『秘蔵宝鑰』の本文を読み進むことが中心ですが、他の著作からの引用を多くし、理解しやくす工夫しました。

六、広論である『秘密曼荼羅十住心論』との比較は、必要に応じて掲載し、複雑になることをさけました。

七、文は、「です」「ます」調とし統一しました。

八、関連するコラムを収録しました。

空海『秘蔵宝鑰《ひぞうほうやく》』をよむ

1　空海の時間と空間

空海の出家

弘法大師空海（七七四〜八三五、以下空海とする）の最初の著作は『三教指帰《さんごうしいき》』です。その「序」の中に一五歳で母方の伯父の阿刀大足《あとのおおたり》について本格的な勉強を始め、一八歳になって都にのぼり、大学の明経科《めいけいか》に所属し、猛烈な勉強に明け暮れたとあります。

余《われ》、年志学《しいがく》（一五歳）にして外氏阿二千石《がいしあじせんせき》の舅《きゅう》（母方の伯父阿刀大足《あとのおおたり》）に就いて伏膺《ふくよう》し鑽仰《さんぎょう》（学問にはげみおこたることがなかった）す。二九（一八歳）にして槐市《かいし》（大学）に遊聴《ゆうちょう》（入学）し、雪螢《せっけい》（雪や螢の光で読書する）をなお怠《おこた》るに拉《とりひし》ぎ、縄錘《じょうすい》（縄を首にかけ、錐《きり》で股《また》を刺《さし》て）の勤《つと》めざるに怒る。

勉学の目的は、父母や郷里の一族の期待を背負い、中央官吏《かんり》となって出世コースを歩むためのものであったでしょう。大学での勉強の様子や授業内容について、空海の直弟子の真済《しんぜ》（八〇〇〜八六〇）が『空海僧都伝《くうかいそうずでん》』で詳しく記録しています。具体的には『論語《ろんご》』『孝経《こうきょう》』『毛詩《もうし》』『尚書《しょうしょ》』、『春秋左氏《しゅんじゅうさし》』など幅広く学んだことを、次のように記しております。

年始めて十五にして、外舅《がいきゆう》二千石阿刀大足《あとのおおたり》に随って『論語《ろんご》』『孝経《こうきょう》』および史伝等を受け、兼ねて文章を学びき、入京のとき大学に遊び、直講《ちょっこう》味酒 浄成《うまざけのきようなり》に就いて『毛詩《もうし》』『尚書《しょうしょ》』を読み、『春秋左氏《しゅんじゅうさし》』を岡田（牛養《うしかい》）博士に問う。博く経史を覧て云云。

これを見ると、当時の大学のカリキュラムの一端がわかり、興味深いものがあります。ここで注意しておきたいのは、空海が国の制度の大学で正式な教育を履修されたということです。ちなみに『三教指帰』はその執筆を、七九七年一二月一日と記しておりますので、空海二四歳の時の著述ということになります。

時に延暦十六年（七九七）臘月（十二月）の一日なり。　（三―四）

『三教指帰』にもりこまれた横溢《おういつ》した知識の披瀝《ひれき》は、その間の勉強の成果にほかなりません。注目すべきは、正統な中国学を始めとして、『老子』等の道教や詩文、そして大乗仏教の中心的な課題がほぼ習得されていることです。空海は一五歳で本格的な勉強を始め、十八歳で大学に入学し、二四歳で『三教指帰』を執筆したわけですので、実にこの一〇年間の勉強が、極めて充実したものであったことがうかがえます。

また、同じ「序」に、一人の沙門（修行者）と出合い、陀羅尼《だらに》（真言）を百万遍誦すれば、一切の経文を暗記できる特別な修法「虚空蔵聞持《こくうぞうもんじ》の法」を教えられこと、そして徳島県（阿国《あこく》）の大滝嶽《たいりょうのたけ》に躋《のぼ》り攀《よ》ぢ、高知県（土州《としゅう》）の室戸岬《むろとのさき》で修行にはげんだことが記されています。

ここに一《ひとり》の沙門あり。余に虚空蔵聞持《こくうぞうもんじ》の法を呈《てい》す。その経に説かく、「もし人、法によってこの真言一百万遍を誦《じゅ》すれば、すなわち一切の教法の文義暗記《もんぎあんき》することを得」と。ここに大聖の誠言《じょうごん》（仏の言葉）を信じて飛燄《ひえん》を鑽燧《さんすい》に望み（火をおこすときは木をすり合わせ、火打ち石をたえず打ち合せるように）、阿国《あこく》（徳島県）大《たい》滝嶽《りょうのたけ》に躋《のぼ》り攀《よ》ぢ、土州《としゅう》（高知県）室戸岬《むろとのさき》に勤念（修行にはげむ）す。

ここに空海の生涯の一つの転機が告げられています。すなわち一人の沙門（修行者）から伝えられた虚空蔵聞持の法、正しくは『虚空蔵菩薩能満諸願最勝心陀羅尼求聞持法《こくうぞうぼさつのうまんしょがんさいしょうしんだらにぐもんじほう》』（唐・善無畏《ぜんむい》三蔵訳）を本軌としてあらわされた修法次第を学び実践しました。実際には「能満諸願虚空蔵菩薩最勝心陀羅尼《のうまんしょがんこくうぞうぼさつさいしょうしんだらに》」（南牟《ナウボウ》・阿迦捨《アキャシャ》・掲婆那《ギアラバヤ》・唵阿唎迦《オムアリキャ》・麼《マ》唎慕唎《リボリ》・莎嚩訶《ソワカ》）を五〇日ないしは一〇〇日間に百万遍も誦する難行で、満願ののちには一切の文義を暗記することができるとともに、この真言を常に誦することによって一切の罪障《ざいしょう》が消滅《しょうめつ》し、一切の諸仏・諸菩薩に護《まも》れる、とされるものです。

空海は室戸岬《むろとのさき》で、この修行のあかつきに得た心境を、

谷響《たにひびき》を惜《お》しまず、明星来影《みょうじょうらいえい》す。（そのままこだまとなってかえってきた　いつものように明星があがってきた）

（三―二）

と述べています。この言葉こそが空海の修行の結果、獲得された心証を表現したものにちがいありません。

『三教指帰』は、兎角公《とかくこう》を主人公とし、不良青年の蛭牙公子《しつがこうし》を狂言まわしとして登場させ、儒教を代表する亀毛《きもう》先生、道教を代表する虚亡隠士《きょぶいんし》、仏教を代表する假名乞児《かめいこつじ》を順次に対論させることによって、蛭牙公子《しつがこうし》がだんだんと心を拡げていくさまを詳細に論述していきます。そして、假名乞児に仮託して空海は、いまだすべての迷える衆生を救いあげるという諸菩薩の四弘誓願《しぐせいがん》が達成されず、迷える子ども（衆生）は世俗の溝《みぞ》に落ちたままであり、これを見ると、とても悲しいと、自己の心情を説き明かしています。

四弘《しぐ》（誓願《せいがん》）未だ極《きわ》めざるに、一子《いっし》（一切衆生というひとり子）溝《みぞ》に沈《しず》めり。これを顧《かえり》みるに悢悢《ろうろう》（かなしい）、これを思うこと丁寧《ていねい》（きがかり）なり。（三―七四）

さらに、春の花（華）や秋の露は季節ごとに移ろい、流れゆく水（逝水《せいすい》）は止まることなく流れ、はやて（廻風《かいふう》）は風音高く吹き、人びとは色《しき》・声《しょう》・香《こう》・味《み》・触《そく》・法《ほう》（思考の対象）の六塵《ろくじん》に溺れているが、目ざすべきは四徳《しとく》（さとりの常《じょう》・楽《らく》・我・浄という徳）の都であります。こうしてすでに煩悩のおこる原因を知ったのであるから、煩悩に支配される俗世間を捨てるほかはない、と述べています。

春の華は枝の下に落ち
秋の露は葉の前に沈む
逝水《せいすい》（流れゆく水）住《とど》まること能わず
廻風《かいふう》（はやて）幾ばくか音《こえ》を吐く

六塵《ろくじん》（色《しき》・声《しょう》・香《こう》・味《み》・触《そく》・法《ほう》〈思考の対象〉）はよく溺《おぼ》るゝ海
四徳《しとく》（さとりの常《じょう》・楽《らく》・我・浄という徳）は帰する所の岑《みね》なり
巳に三界の縛《ばく》を知んぬ
何ぞ纓簪《えいしん》（冠のひもとかんざし＝俗世間）を去てざらん
（三―一八）

この言葉は、あるいは空海自身の転進の様子そのものであったかも知れません。すなわち、世間より出世間への跳躍《ちょうやく》を果たせということです。『三教指帰』の内容は、空海自身の修行者への転進のありさまを述べたものであり、実に出家宣言書という意味を有するものです。空海はこの後、七年半にわたり消息を絶つことになります。

入唐求法

桓武天皇（在位七八一～八〇六）の、「この酒は出立を祝う意味だけでなく、唐の国から無事に帰って来てほしいと、航海の安全を願う酒だよ」という、

この酒は、大《おお》にはあらず　平良《たいら》かに　帰り来ませと　斎《いわ》いたる酒

の歌に送られて、延暦二二年（八〇三）四月に第一六次遣唐使が出帆しました。しかし嵐に遭い、船が損傷して失敗しました。そこで、翌年の七月に改めて四艘の船を仕立て船団を組みなおし、九州の筑紫を出発しました。そこに留学僧空海の名を見つけることができます。

遣唐大師藤原葛野麻呂《かどのまろ》、福使石川道益等とともに第一船に乗船。判官菅原清公、伝教大師最澄たちは第二船の人となりました。第二船は無事に唐の明州に着岸することができましたが、第一船は怒涛《どとう》にもまれること三四日にして、ようやく長溪県《ちょうけいけん》の赤岸鎮《せきがんちん》に漂着《ひょうちゃく》することができました。それは、航海というより漂流であったということができましょう。日本からの遣唐使船は、揚子江《ようすこう》沿《ぞ》いの揚州《ようしゅう》か蘇州《そしゅう》に着岸することになっておりましたから、はるか南方の福州に現われた難破船を、地方の役人がいぶかったのは当然といわなければなりません。船中は臨検《りんけん》され、乗組員の多くは浜辺に禁足されてしまいました。そのため、大使になりかわり空海が執筆して地方長官に提出されましたのが、「大使福州の観察使に与うるがための書」（『性霊集』巻五所収）です。

ここにその詳細を紹介する余裕がありませんが、理路整然として細心、そして余裕があり、抑揚のきいた主張の明快な内容に驚嘆せざるをえません。そして、この名文は役人の心を動かすこととなり、上陸の許可がおり、一三軒の借家が急造され、食糧や水が支給されることになったのです。しかし、どういうわけか、空海は入京を阻《はば》まれます。そこでこんどは自分自身の上陸・入京許可の訴え書きを起稿しなければならなくなりました。その書が「入京が許されないことを伺いましたが、その理由をはっきり教えてください」という内容の、「福州の観察使に与えて入京する啓」（『性霊集』巻五所収）です。

今使《つかい》に随《したが》って入京することを許されざることを承る。理《り》須《すべか》らく左右すべし（理由をはっきりさせて下さい）。更に求むるところなけん。

（三―二三〇）

空海の悲痛なさけびが届き、幸いに上陸許可がおりました。一一月三日に福州を出発し、一二月二一日に京兆

府万年県長楽駅に到着、そして同二三日に長安城に入りました。『御請来目録』に、その間の様相が、

空海去《い》んじ延暦廿三年（八〇四）をとって、命を留学の末に銜《ふく》んで、津を万里の外に問う。その年の臘月《ろうげつ》（十二月）長安に到ることを得たり。

とあります。一二月二三日、藤原葛野麻呂《かどのまろ》大使以下遣唐使の一行は、長安城の高い城壁をくぐり、宣揚坊《せんようぼう》（外国使節の宿泊施設）に入り、翌二四日、大使等は徳宗皇帝に謁見《えつけん》し、日本国からの貢《みつ》ぎ物を進献し、徳宗主催の宴《うたげ》がもうけられました。一週間後に新年を迎えました。正月元旦に、大使一行は含元殿において朝賀《ちょうが》しました。しかし、徳宗《とくそう》は二日に身体不調となり、二三日には崩ずるという事態となりました。早速に皇太子即位がおこなわれましたが、それが順宗《じゅんそう》その人です。この順宗も八月には、次の憲宗《けんそう》に譲位《じょうい》することになります。空海の在唐中に、三人の皇帝がかかわることになりました。異常なことであります。

さて、無事に任務をはたした遣唐大使藤原葛野麻呂の一行は、二月一〇日に長安城を辞することになります。

恵果阿闍梨との出会い

一方、空海は二月の中頃に西明寺《さいみょうじ》に移り住み、五、六人の法師たちと名徳をたずね、やがて青龍寺《せいりゅうじ》の恵果阿《けいかあ》闍梨《じゃり》と出会うことになります。そのことを『御請来目録《ごしょうらいもくろく》』には、

ここにおいて城中を歴て名徳を誘うに、偶然にして青龍寺東塔院の和尚、法の諱《いみな》は恵果阿闍梨《けいかあじゃり》に遇い奉る。

その大徳はすなわち大興善寺《だいこうぜんじ》の大広智三蔵《だいこうちさんぞう》の付法の弟子なり。……空海、西明寺《さいみょうじ》の志明《しみょう》・談勝《だんしょう》法師等五六人と同じく往《ゆ》いて和尚《おしょう》に見《まみ》ゆ。和尚たちまちに見て笑《えみ》を含み、喜歓《きかん》して告げていわく、「我れ先より汝が来ることを知りて相待つこと久し。今日相見ること大に好し。大に好し。報命《ほうめい》（寿命）竭《つ》きなんと欲すれども、付法《ふほう》に入なし。必ず須《すべか》らく速かに香花《こうげ》を辨《べん》じて灌頂壇《かんじょうだん》に入るべし」と。

（二―二八）

とありますように、感動と共に恵果和尚との出会いを告げています。そして、六月、七月、八月の各上旬に密教を受けとる灌頂《かんじょう》、法を伝える灌頂を受けられ、ついに伝法の阿闍梨位《あじゃりい》を獲得されたのです。『秘密曼荼羅教付法《ひみつまんだらきょうふほう》伝《でん》』巻第二に、恵果阿闍梨は、はるばる日本国から来た空海に金剛界と胎蔵界の両部の秘奥《ひおう》・壇儀《だんぎ》・印契《いんげい》を、まるで瓶の水をそっくりそのまま移すように伝授したことを、次のように述べています。

今日本の沙門空海《しゃもんくうかい》というひとあり、来つて聖教を求むるに、両部《りょうぶ》の秘奥《ひおう》・壇儀《だんぎ》・印契《いんげい》をもってす。漢梵差《かんぼんえら》ぶことなくことごとく心に受くるなおし瀉瓶《しゃびょう》のごとし。

（二―八九）

空海が中国僧の恵果阿闍梨より瀉瓶のごとく授かった法の教主は、

常住三世浄妙法身《じょうじゅうさんぜいじょうみょうほうしん》、法界体性智大毗盧遮那自受用仏《ほっかいたいしょうちだいびるしゃなじじゅようぶつ》

（二―九六）

です。その説かれた法とは、

普遍常恒《ふへんじょうこう》にして唯一《ゆいいつ》の金剛秘密最上仏乗大曼荼羅法教《こんごうひみつさいじょうぶつじょうだいまんだらほうきょう》　（二―九八）

というものでした。そして、その法は自ら広まらず、必ず人によって広まるものであり、これまでに大毗盧遮那《だいびるしゃな》如来《にょらい》→金剛薩埵《こんごうさつた》→龍猛菩薩《りゅうみょうぼさつ》→龍智菩薩《りゅうちぼさつ》→金剛智阿闍梨《こんごうちあじゃり》→不空金剛阿闍梨《ふくうこんごうあじゃり》→恵果阿闍梨《けいかあじゃり》と七人の大阿闍梨耶に嫡々相続され、絶えることなく今まで広められてきたものです。

いわゆる、道は自ら弘《ひろ》まらず、弘ること必ず人による。誰がよく弘むる者ぞ。すなわち七箇の大阿闍梨耶あり。上、高祖法身大毗盧遮那如来より、下、青龍の阿闍梨に至るまで、嫡々相続して今にいたるまで絶えず。　（二―三七）

そしてこの七箇の大阿闍梨、すなわち七祖に空海を加えて八祖と数えるわけです。けれども、法が正しく行われたり、あるいは変化したり、廃れたるするのは実に人によるものです。法統が正しく伝えられるためには、人と時とが一致しなければなりません。人と時が矛盾して一致しなければ教えは地に落ちます。

然《しか》りといえども、あるいは行《おこな》われ、あるいは歳《かく》る、時《とき》の変《へん》なり。乍《たちま》ちに興《おこ》り、乍《たちま》ちに廃《すた》る、実に人に由れり。時至り、人叶うときは道無窮《みちむきゅう》に被《こうむ》らしむ。人と時と矛盾《むじゅん》するときは教すなわち地《ち》に堕《お》つ。（三―二三二）

前述しましたように、恵果《けいか》阿闍梨が空海と出会った折りに、「汝が私のもとにやって来ることは前から知っていたのだ。長い間、待っていた。今日合うことができたのは大変嬉しい。私の寿命は尽きようとしているけれども、付法すべき人はそなたしかいないのだ」と言いました。

我れ汝が来ることを知りて相待つこと久し。今日、相見ること大いに好《よ》し、大いに好《よ》し。報命（寿命）竭《つ》きなんと欲すれども、付法に人なし。

付法とは、教法を弟子に授けて、後世に伝えることです。それも、〝笑《えみ》を含《ふく》み、喜歓《きかん》して告げていわく〟というのですから、恵果《けいか》阿闍梨にとっても感激の時であったでありましょう。そして、さらに、「両部大曼荼羅《りょうぶだいまんだら》や供養の法具を持ち帰って日本に広めよ。それこそが佛恩《ぶつおん》を報じ、師恩に報い、国のためには忠となり、家においては孝となるのだ。汝は早く日本に行きて法を伝えよ」と遺誨《ゆいかい》します。

いまこの土《ど》の縁《えん》書《つ》きぬ、久しく住すること能《あた》わじ。宜しくこの両部大曼荼羅《りょうぶだいまんだら》、一百余部の金剛乗《こんごうじょう》の法および三蔵転付《さんぞうてんぷ》の物、ならびに供養の具等、請う本郷《ほんごう》（日本）に帰りて海内《かいだい》（国内）に流伝すべし。わずかに汝が来れるを見て、命《いのち》の足らざることを恐れぬ。今すなわち授法《じゅほう》の在るあり、経像《きょうぞう》功畢《おわ》んぬ。早く郷国に帰ってもって国家に奉り、天下に流布《るふ》して蒼生《そうせい》（人びと）の福《ふく》を増《ま》せ。しかればすなわち四海《しかい》泰《やす》く、万人楽しまん。これすなわち佛恩《ぶつおん》を報じ、師恩を報ず。国のためには忠なり。家においては孝なり。義明供奉《ぎみょうくぶ》（恵果の弟子の一人）は此処に伝えん。汝はそれ行きてこれを東国に伝えよ。努力《つとめよ》や、努力《つとめよ》や、と。

空海に遺誨《ゆいかい》したのち、恵果《けいか》阿闍梨は一二月一五日に毘盧遮那《びるしゃな》の法印《ほういん》を結んで入定します。

去んじ十二月望月《もちづき》（十五日）、蘭湯《らんとう》に垢《く》を洗《あら》い、毘盧遮那《びるしゃな》の法印《ほういん》を結んで、右脇《みぎわき》にして終《おわ》んぬ。（二—三〇）

そのとき恵果《けいか》阿闍梨は世寿六〇歳、出家して四〇年目でした。悲しみの気持ちが次のように表現されています。

永貞《えいてい》元年（八〇五）十二月十五日五更《ごこう》（午前五時）をもって世を云んぬ。春秋《しゅんじゅう》六十、法夏《ほうか》四十なり。嗚呼《ああ》、法眼《ほうげん》すでに滅しぬ。嬰学《ようがく》（学問の浅いもの）何ぞ悲しき。大曼荼羅《だいまんだら》にその教主《きょうしゅ》を失《うしな》えり

空海は多くの弟子たちの中から信任《しんにん》されて、恵果《けいか》阿闍梨の碑文を起草しております。

大唐神都《だいとうしんと》青龍寺《せいりゅうじ》故三朝《こさんちょう》の国師《こくし》灌頂《かんじょう》の阿闍梨《あじゃり》恵果和尚《けいかおしょう》の碑《ひ》　（三—一四四）

帰朝僧

元和元年（八〇六）正月一六日、師恵果和尚を長安城の東に葬《ほうむ》ったのちに、空海は友人の橘逸勢《たちばなのはやなり》と共に、国師《こくし》判官高階真人《はんがんたかしなのまひと》に帰国の願い書を提出。唐朝政府の許すところとなり帰途につくことになりました。すでに、空海は貴重な資料の蒐集に努め、恵果和尚の協力もあり、胎蔵金剛界等大曼荼羅《たいぞうこんごうかいとうだいまんだら》等十鋪《ほ》の図絵と、二〇余の経生《きょうせい》（写

経生）により、金剛頂等《こんごうちょうとう》の最上乗密蔵経《さいじょうじょうみつぞうきょう》三百巻等の書写《しょしゃ》、それに十八事《じ》の法具《ほうぐ》等を揃《そろ》えることができたようであります。

さらに途中の越州に至り、再度資料蒐集の発願をしています。それらの成果は、帰国直後に朝廷に提出された『御請来目録』によってその全貌を知ることができます。

新帰朝僧空海は、大同元年（八〇六）一〇月に帰国し、請来した資料を整理して『御請来目録』を作り、一二月二三日付けで副使の高階真人《たかしなのまひと》に託して朝廷に提出しました。しかし朝廷では桓武天皇が空海の帰朝に先立つ同年三月一七日に崩御されて翌日に大同と改元が行われ、平城天皇は五月一八日に即位しました。こうした政権交代の混乱によるものと考えられますが、かなかな上京の許可が下りず、新帰朝僧空海はしばらく九州に滞在《たいざい》しておりました。

おそらく大同三年の末から四年の初めにかけて上京したと想像されます。なぜなら大同四年七月頃に、和泉《いずみ》の槇尾山寺《まきおさんじ》に在住している空海を確かめることができるからです。

最澄と解逅

大同四年八月二四日に、傳教大師最澄《でんきょうだいしさいちょう》（七六七～八二二）から、請来《しょうらい》の「大日経略摂念誦随行法《だいにちきょうりゃくしょうねんじゅずいぎょうほう》」をはじめとして一二部の経論の借《しゃく》覧が要請されます。空海が朝廷に提出した『御請来目録』を、朝廷側に立って閲覧したのは、恐らく最澄であったにちがいありません。最澄写の『御請来目録』は国宝に指定され、現存しています。以後たびたび、経論の借覧要請があり、平安時代の仏教界を代表するふたりの交流が始まりました。

空海にとって重要な拠点となったのは、高雄山神護寺《たかおさんじんごじ》です。この寺は和気《わけ》氏の氏寺《うじでら》であり、空海と神護寺とのかかわりには、最澄の仲立ちがあったようです。最澄は唐から帰国し、延暦二四年九月に神護寺で日本初の灌頂《かんじょう》壇《だん》を開きました。その時空海はまだ唐土《とうど》におりました。

空海は上京後の大同四年（八〇九）一一月九日に長岡乙訓寺《おとくにでら》の別当に任命されております。最澄が奈良興福寺《こうふくじ》の維摩会《ゆいまえ》に参加の帰り、乙訓寺にいる空海を訪問しました。そのことを、最澄の弟子の光定《こうじょう》は『伝述一心戒文《でんじゅついっしんかいもん》』のなかで、海阿闍梨《かいあじゃり》（空海）と先師《せんし》（最澄）が乙訓寺《おとくにでら》に泊まって面談し、灌頂《かんじょう》の事《こと》を話した様子を、

長岡乙訓《ながおかおとくに》の寺に海阿闍梨《かいあじゃり》あり、先師相語《せんしあいかた》りて彼寺《かのてら》に一宿す。先づ大師、海大師面と交ること稍《やや》久し、灌頂《かんじょう》の事《こと》を発す。

と記していますが、この場面が空海、最澄の両者の最初の出会いでありました。

高雄勧請

その時の約束通りに、弘仁三年（八一二）一一月一五日に最初の灌頂、そして同一二月に第二回の灌頂が開かれました。灌頂の折に空海によって記録された『高雄灌頂記《たかおかんじょうき》』には「釈最澄」の名が残されています。

弘仁三年十一月十五日高雄山寺において
金剛界灌頂《こんごうかいかんじょう》を受くる人人暦名

釈最澄　播磨《はりま》大縁わけ和気《わけ》真綱《のまつな》
大学大允和気仲世　美濃種人《みののたねと》
弘仁三年十二月十四日高雄山寺において胎蔵灌頂を受くる人人暦名
都合一百四十五人之中大僧二十二人
沙弥《しゃみ》三十七人　近事四十一人
童子四十五人
（三―五五五）

このような灌頂の敢行は、真言密教の立場を内外に闡明《せんめい》に打ち出すことになりました。ここでの灌頂は、いわゆる結縁灌頂《けちえんかんじょう》のことで、マンダラ会上の諸尊に結縁《けちえん》する儀式です。このことは、空海にとって立教開宗《りっきょうかいしゅう》であったといえましょう。そして、それに対応して弟子集団《でししゅうだん》が形成されていったということが想定されます。

嵯峨天皇との交遊

嵯峨天皇《さがてんのう》（七八六〜八四三）は、大同四年（八〇九）四月に二三歳で即位《そくい》されました。そのとき空海は三六歳であり、交遊が始まります。それを象徴する手紙が『性霊集《しょうりょうしゅう》』巻四におさめられた「柑子《かんし》を献ずる表」で、詩文を添えてみかんを嵯峨天皇《さがてんのう》に献呈した時の文書（表）です。少し長くなりますがあげてみることにします。

沙門空海言《もう》す。乙訓寺《おとくにでら》に数株《すうかぶ》の柑橘《かんきつ》の樹《き》あり。例（恒例）に依りて交え摘《ひろ》うて取り来れり。色を看れば金《こがね》のごとし。金は不変の物なり。千はこれ一聖に期《ご》せり（千年に一度聖人《せいじん》が出現するほどのよろこび）。またこの菓は本西域《せいいき》より出てたり。乍《たちま》ちに見て興あり。すなわち拙訶《せつし》に課《か》して敢《あ》えてもって奉上《ぶじょう》す。伏して乞う、天《てん》慈《じ》（天皇の特別のおはからいで）曲《ま》げて一覧《いちらん》を垂《た》れたまえ。軽《かるがる》しく聖眼《せいげん》（天皇の御眼）を黷《けが》す、伏して深く悚《しょう》懼《く》（おそれいります）す。沙門空海、誠惶誠恐謹言《せいこうせいきょうきんげん》（おそれたてまつり申し上げます）。

詩　七言

桃李《とうり》珍《ちん》なりといえども寒《かん》に耐《た》えず
あに柑橘《かんきつ》の霜んい遇《あ》うて美《び》なるに如《し》かんや
星《ほし》のごとく玉《たま》のごとし黄金《おうごん》の質《しつ》なり
香味《こうみ》は簠簋《ふき》（かご）に実《み》つるに堪《た》えつべし
太《はなは》だ奇なる珍妙《ちんみょう》何《いづこ》より将《も》ち来れる
定めてこれ天上王母が里ならん
千年一聖の会を表すべし
挙《よ》じ摘《つ》んで持つて我が天子に献ず

小柑子《しょうかんし》六小櫃《ひつ》　大柑子《だいかんし》四小櫃《ひつ》

右、乙訓寺《おとくにでら》の所出、例に依つて奉献《ぶこん》す。
識んで寺主《じしゅ》の僧願演《そうがんえん》を遣《つか》わして状に随つて奉進《ぶしん》せしむ。謹んで進《たてま》つる。

（三―一九四）

献呈の品物はみかんの小櫃《びつ》です。星のごとく、玉のごとくと形容されたみかんに、空海の詩文が添えられていて、なんともすばらしい送り物ではありませんか。おだやかで暖《あたた》かい交遊の世界を垣間見《かいまみ》る思いです。

空海の著作活動

空海は、前述しましたように二四歳の時に最初の著述『三教指帰』を発表しました。そして、次にまとめたのが入唐の成果を報告する三三歳の時の『御請来目録』でした。次にいよいよ、空海密教の構築が中心的な課題となってきます。

ここで、「弘仁六年（八一五）四月一日　沙門空海疏す」と記された「諸の有縁の衆を勧めて秘密の法蔵を写し奉るべき文」（『性霊集』巻八所収）を取り上げます。空海四二歳の時のものです。法は衆生の心の中にあるけれども、人それぞれに機根（能力や資質）が異なるので、それに対応する仏の教えは同じではないとして、

それ教は衆色《しゅしき》に冥《かな》い、法は一心に韞《つつ》めり（衆生の心の中にある）。迷悟機殊《きこと》にして感応《かんおう》一にあらず（迷える衆生、悟れる仏と素質がことなっていれば、仏がそれに対応する仕方は同じではない）。（三―三八八）

との文で始まり、やがて顕教《けんぎょう》・密教《みっきょう》の詳細な比較検討に入ります。その内容は、『弁顕密二教論《べんけんみつにきょうろん》』において論じられる要旨に重《かさ》なります。よって『弁顕密二教論』の撰述は、弘仁六年の前後であろうと推定されています。この書は、『秘蔵宝鑰《ひぞうほうやく》』と同じジャンルに位置づけられる教相判釈《きょうそうはんしゃく》の書であり、後で詳しく論じます。

さて、この文の後半で本当の趣旨、すなわち「弟子の僧康守《こうしゅ》・安行《あんぎょう》等を差《つかわ》して広く密教の教えを広める決意」が述べられます。

貧通、帰朝《きちょう》して多年を歴《ふ》といえども、時機《じき》未だ感ぜず。広く流布《るふ》すること能《あた》わず。水月別れ易く、幻電《げんでん》駐《とどま》りがたし（歳月の過ぎ去ること）。元より弘伝《ぐでん》を誓う、何ぞ敢《あ》えて韜黙《とうぼく》せん（かくすことをせず）。今機縁《きえん》の衆（密教に縁のある人びと）のために読講宣揚《どくこうせんよう》して仏恩《ぶつおん》を報《ほう》じ奉らんと欲《おも》う。しかれどもなおその本多からず、法流擁滞《ようたい》す（さえぎられている）。ここをもつて弟子の僧康守《こうしゅ》・安行《あんぎょう》等を差《つかわ》して彼の方に発赴《はっふ》（出発）せしむ。

（三―三九〇）

この手紙は、弟子たちによって九州や東北の福島、関東甲信の栃木・山梨等にもたらされ、密典写経の目録が別に添えられていたようです。これは密教経典写経のキャンペーンであり、このことを起点としていよいよ空海密教教理の体系化が進められようとしています。その詳細は『秘蔵宝鑰《ひぞうほうやく》』の本文のなかで述べていきます。

空海の社会活動と高野山開創

空海の生涯は、こののち、高野山《こうやさん》の開創《かいそう》、万濃池《まんのういけ》の修築《しゅうちく》、密教道場東寺《とうじ》の整備《せいび》、綜芸種智院《しゅげいしゅちいん》の開設《かいせつ》等と展開します。やがて、高野山への入住を決心することになります。

朝夕に思い思うて腸《はらわた》を断《た》つに堪《た》えたり。汝が日は西山に半ば死したる士なり。汝は年は半ばに過ぎて屍《しかばね》の起てるがごとし、住《とどま》らんや住らんや一も益なし。行きね行きね止まるべからず、……浮華名利《ふかめいり》の毒《どく》に慢《おご》ることなかれ。三界火宅《さんがいかたく》の裏《うら》に焼くることなかれ。斗藪《とそう》（修行）して早く法身《ほっしん》の里（さとりの境界）に入れ。

と心を進め、

春の華、秋の菊、笑って我に向えり。暁の月、朝の風、情塵《じょうじん》（心のけがれ）を洗う。

（三―一一四）

（三―一一六）

と謳《うた》っています。天長九年（八三二）八月二四日、空海五九歳の時、高野山上において萬燈会《まんどうえ》の法要が営まれたようです。その願文《がんもん》の一文に衆生救済の大誓願を示して、

ここに空海、もろもろの金剛子等《こんごうしら》と金剛峯寺《こんごうぶじ》に於て、聊《いささ》か万燈万花《まんどうまんげ》の会を設けて、両部曼荼羅、四種の智印（曼荼羅上のすべての仏達）に奉獻《ぶごん》す。期するところは毎年一度この事を設《もう》け奉《たてま》つて、四恩に答え奉らん。虚空尽《こくうつ》き、衆生尽《しゅじょうつ》き、涅槃《ねはん》尽きなば、我が願いも尽きん。

（三―三六四）

と述べています。空海の衆生救済の大誓願は、自然のあるかぎり、人びとのいるかぎり、佛法のあるかぎり、決して尽きてしまうことがないという精神は、時空をはるかに超えた永遠《えいえん》への飛翔《ひしょう》であります。

空海の入定

空海の入滅を私たちは、あえて「入定」といいます。そして「入定」につきましては、空海の弟子真済《しんぜい》（八〇〇～八六〇）の記述にまかせるよりしょうがありません。「承和二年三月二十一日、後夜に至りて右脇にして滅を

唱う。生年六十二。夏臘四十一」と記しています。

還源《げんげん》の求道者空海は、その一生を賭《と》して求めに求めた自己の「源底」に還っていかれたのです。空海の人格と、その活動のさまこそ真理実在《しんりじつざい》の法身《ほっしん》ととられる人びとにとって、「入定《にゅうじょう》」とは、法身大日如来の三摩地《さんまじ》に相即相《そうそくそう》入《にゅう》された空海の永遠なるありかたを言ったものであるにちがいありません。

1. 空海とグローバルスタンダード

日本は、何度も世界標準（グローバルスタンダード）の新文化に出会ってきました。大別すれば、

1、漢字・仏教などの渡来と遣隋使・遣唐使の派遣
2、南蛮船・鉄砲・キリスト教の伝来と鎖国
3、明治維新と開国・文明開化
4、第二次世界大戦の敗戦と進駐軍
5、金融・インターネットなどの世界標準化

などを数えることができます。

最初の世界標準（グローバルスタンダード）との出会いは、五三八年の仏教・千字文の伝来、すなわち漢字文化です。このときの世界標準の中心は中国（隋・唐）で国際語は中国語（漢文）です。遣隋使や遣唐使によってもたらされた新知識を学び、七二〇年に漢文表記の『日本書紀』を、七五九年ごろには日本古来の大和言葉《やまとことば》を漢字で表記した『万葉集』を編纂するなど大きな成果をあげ、一方で東大寺や薬師寺、唐招提寺に代表される奈良仏教が花開きました。

空海の入唐《にっとう》は仏教・漢字の伝来から二五〇年ほどのちの八〇四年です。奈良時代（七一〇〜七八四）が終わり、桓武《かんむ》天皇による新たな平安時代が始まり、清新な気風が横溢《おういつ》していた時期です。

当時の唐の都・長安は、シルクロードの交易により空前の繁栄を誇る国際都市に発展していました。語学に堪能な空海は随所で活躍し、恵果阿闍梨から密教の秘奥を伝授されて日本に広め、真言密教は日本文化の重要な根幹の一つになりました。

空海の入唐《にっとう》と帰国後の活躍こそ、日本初の世界標準（グローバルスタンダード）に対応し成し遂げた集大成の一つであったということができます。（W）

2　『秘蔵宝鑰《ひぞうほうやく》』―その著述目的と概要―

空海の十住心思想――「広論」と「略論」

空海の十住心思想ほど、日本仏教思想史上最も広大にして深く人間精神の発展の可能性を論じたものを私は知りません。それはただ高処《たかみ》に立って人間精神の世界を鳥瞰《ちょうかん》したものではなしに、空海のもっている曼荼羅観《まんだらかん》をもとに、人間精神の徹底的《てっていてき》な凝視《ぎょうし》のあかつきに現成《げんじょう》した心の様相《ようそう》ということができましょう。

空海が十住心思想を中心的に論述した著作には、『秘密漫荼羅十住心論』（以下『十住心論』）全一〇巻と、『秘蔵宝鑰』全三巻の二つの著作があります。それを形の上から後者を「略論」、前者を「広論」と称しています。『十住心論』は多くの経論の引用によって全体が構成されています。『秘蔵宝鑰』は、詳しい論述は『十住心論』に委《ゆだね》つつ、さらに新しい主題も挿入《そうにゅう》して弾力ある論述を展開しています。

また、『十住心論』や『秘蔵宝鑰』は、多くの空海の著作群の中で、教相判釈書《きょうそうはんじゃくしょ》として位置づけられております。教相判釈（略して教判）とは、いずれか一つの「経」や「論」に立場をおきつつ、他の多くの教説を整理し位置づけることです。教判の書にもう一つ『弁顕密二教論《べんけんみつにきょうろん》』があります。いわゆる顕教《けんぎょう》と密教《みっきょう》とをいくつかの論点で比較したものであり、横《おう》の教判といいます。『秘蔵宝鑰』は、十住心体系をもって段階的に教義の理解を深めていくもので、竪《しゅ》の教判といいます。

確かに『秘蔵宝鑰』は、教相判釈書の一つですが、それよりも、空海が二四歳の時に執筆した『三教指帰』の延長線上に本書を位置づけてみたいのです。すわすち、『三教指帰』に登場する不良青年の蛭牙公子《しつがこうし》の実態は、第一異生羝羊心《いしょうていようしん》の内容にかさなります。第二愚童持斎心《ぐどうじさいしん》の内容は、儒教を代表する亀毛先生《きぼう》に、第三嬰童無畏心《ようどうむいしん》の内容は、道教を代表する虚亡隠士《きょぼう》に、第四唯蘊無我心《ゆいうん》は、佛教を代表する假名乞児《かめいこつじ》の各論に反映《はんえい》しているかに思われます。むろん、佛教を代表する假名乞児は、空海自身を投影《とうえい》したものでありますし、第四住心からの道程《どうてい》は、まぎれもなく空海自身の佛教求道《ぐどう》の軌跡《きせき》にちがいありません。

さて、空海が十住心体系を思考した動機は、ご自身の精神生活の向上と、さらには佛教求法の過程の報告であるということができましょうが、さらには空海密教の所依の経典の一つである『大毘盧遮那成佛神変加持経《だいびるしゃなじょうぶつじんぺんかじきょう》』(以下『大日経』)、住心品《じゅうしんぼん》第一に説かれる「心続生」の思想に基づいていると考えられます。その『大日経』のテーマとするところは、一切智智を得ることです。それは「一切智智のごとき智慧は何を因とするのか」という問いから始まり、次のように設定されています。

是の如くの智慧《ちえ》は、何を以てか因《いん》と為し、云何が根《こん》と為し、云何が究竟《くきょう》とするや。

この問いにたいして、因となるもの、根本となるもの、究竟となるものを、

菩提《ぼだい》を因《いん》と為し、悲《ひ》を根本《こんぽん》と為し、方便《ほうべん》を究竟《くきょう》と為す。

と答え、さらにそれを深めて、実のごとき自心《じしん》（自らの心）を知ることの大切さを、

秘密主《ひみつしゅ》、云何が菩薩とならば、謂く実《じつ》の如《ごと》く自心《じしん》を知るなり。

とかさねて答えます。そして、本性清浄《ほんしょうしょうじょう》である自心《じしん》を尋求《じんく》すべしとして、

爾《そ》の時《とき》に金剛手《こんごうしゅ》、復《また》仏に白《もう》して言《とう》さく、誰《だれ》か一切智《いっさいち》を尋求《じんく》する。誰《だれ》か菩提《ぼだい》の為に正覚《しょうがく》を成ずる者ぞ。誰か彼の一切智智《いっさいちち》を発起《ほっき》する、と。
仏の言わく、秘密主《ひみつしゅ》、自心《じしん》に菩提《ぼだい》と及び一切智智《いっさいちち》を尋求《じんく》すべし。何《なに》を以《もっ》ての故《ゆえ》に、本性清浄《ほんしょうしょうじょう》なるが故に。

と示し、自心尋求《じしんじんく》の過程こそが心続生ということを説いています。

『大日経』住心品と『大日経疏《だいにちきょうしょ》』に基づく空海の十住心体系

『大日経』には、詳細な註釈書があります。インド僧・善無畏三蔵（六三七〜七三五）が口説（講義）したものを、中国僧・一行（六八三〜七二七）が筆受した『大日経疏《だいにちきょうしょ》』です。その第三巻に、『大日経』で説く密教を基本んにして、インドや中国の佛教全体を眺望して、三乗を分析し、それらを包含する密教の立場を示す次のような文があります。すなわち、

またこの経宗《きょうしゅう》は横《おう》に一切仏教を統《の》ぶ、「唯蘊無我《ゆいうんむが》の出世間《しゅせけん》の心は蘊中《うんちゅう》に住す」と説くがごときは、すなわち諸の中の小乗の三蔵《さんぞう》を摂す、「蘊《うん》の阿頼耶《あらや》を観察《がんざつ》して自心《じしん》の本不生《ほんふしょう》を覚る」と説くが如きは、即ち諸経の八識三無性《はっしきさんむしょう》の義を摂す。「極無自性心《ごくむじしょうしん》、十縁生句《じゅつえんじょうく》」と説くが如きは、華厳《けごん》と般若《はんにゃ》との、種種の不思議の境界を摂して、皆其の中に入る。「実の如く自心を知るを一切種智と名づく」と説くが如きは、即ち仏性一乗と、如来秘蔵とは、皆其の中に入る。

種種の聖言に於て、其の精要《せいよう》を統《す》べざることなし。若し能く是の心印を持って、広く一切の法門を開くをば、是れを通達三乗と名づく。

また次に真言門に三密の印に乗じて、仏の三平等の地に至るを、名づけて通達三乗とす。浅深の重数は、前に説くが如し。


この文は、『大日経』で解き明かす密教の立場から、インドから中国への佛教の全景を鳥瞰《ちょうかん》したものです。すなわち「住心品」の心続生の思想をもって「小乗と唯識」、「華厳と般若」、「法華と涅槃・如来識」、そして「密教」を配当し、『大日経』の経文を依り処として、三乗を分析し、それらを包含する通達三乗、密教の立場を紹介したものでした。

よって、空海の十住心思想の構築は、『大日経』住心品の「心続生の次第」と、『大日経疏』の経文によって分析されたもので、「三乗と密教」という立場に依っていることが明らかです。そこには平安佛教の状況が考慮されていることはむろんでありましょう。さらに加えるならば、『菩提心論《ぼだいしんろん》』の三種菩提心《さんじゅぼだいしん》の思想、さらには『釈摩訶《しゃくまか》衍論《えんろん》』の五重問答の文によって補強されたものであったといえます。これらのことは、後に詳しく述べるつもりです。

「秘蔵宝鑰」という題名の考察

さて、「秘蔵宝鑰」という題名から考えてみることにしましょう。まず、秘蔵とは秘密蔵の略称です。〝秘密蔵《ひみつぞう》宝鑰《ほうやく》〟というよりは、秘蔵宝鑰とした方が、実に語呂《ごろ》がよろしい。『秘蔵宝鑰』の広論である『秘密漫荼羅《ひみつまんだら》十住《じゅうじゅう》心論《しんろん》』の〝秘密漫荼羅《ひみつまんだら》〟が、実に〝秘蔵〟に当たります。例えば、空海が付法された密教の系譜《けいふ》を述べた書を『秘密曼荼羅教付法伝』というごとく、秘密漫荼羅とは秘密曼荼羅教のことです。よって、秘蔵とは、秘密曼荼羅教《ひみつまんだらきょう》のことであると云ってもよいでしょう。また、「宝鑰」の鑰《やく》には「かぎ・錠前」などの意味があります。すなわち、密教の教えを解きあかす鍵とでもいっておきましょう。

金剛智（六七一～七四）訳『金剛頂義訣』の記述によると、如来の滅後八〇〇年の中に、龍猛菩薩《りゅうみょうぼさつ》が南天《なんてん》の鉄塔《てっとう》に入って、金剛薩埵《さった》より密教をさずけられたことを告げています。すなわち、龍猛菩薩は南天竺《みなみてんじく》（インド）大菩薩《だいぼさつ》蔵《ぞう》の塔《とう》の前に至り、塔を開こうとして、七日間塔をめぐり念誦《ねんじゅ》し、白芥子を加持して塔門を打ったところ、塔門が開き、そこから密教の経典が世に流布したというのです。宝鑰のイメージは、この鉄塔開扉《かいひ》ということが前提になっているかと思われるのです。

次に、本書の著者名が「沙門遍照金剛の撰」と掲げられておりますことを考えてみましょう。『三教指帰』の序文に、空海が佛教と出合う契機となった〝一《ひとり》の沙門〟が登場します。

爰《ここ》に一《ひとり》の沙門有。余《われ》に虚空蔵聞持《こくうぞうもんじ》の法《ほう》を呈《てい》す。（三―二）

まさしくここでは、出家者というよりは修行者ということでありましょう。後世空海はもっぱら弘法大師の名のもとに尊崇されますが、ご自身は沙門と自称されていることは注意しなければなりません。

また「遍照金剛」とは、入唐《にっとう》の時に恵果阿闍梨《けいかあじゃり》より灌頂名《かんじょうめい》として授けられたものです。灌頂壇《かんじょうだん》上に法によって花をなげたところ、偶然《ぐうぜん》にも胎蔵法曼荼羅と金剛界曼荼羅の、中央の大日如来の身上におちたことが、恵果阿闍梨によって讃歎されたことに由来しています。毘盧遮那《びるしゃな》とはサンスクリット語vairocanaの音写で〝遍照《へんじょう》〟と訳されます。遍照とは慈悲心の発露《はつろ》であり、金剛とは智慧の表微です。空海は、大日如来との一体観《いったいかん》を完成させた自信から遍照金剛と名乗られたのではないでしょうか。

『秘蔵宝鑰』の「序」

いよいよ、本文に入ります。まず序ともいうべき詩がかかげられ、この真実の世界を悠々と見渡している気宇雄大な空海の境地が示されています。

悠悠《ゆうゆう》たり　悠悠《ゆうゆう》たり　太《はなは》だ悠悠《ゆうゆう》たり
内外の縑緗《けんしょう》千万の軸あり
杳杳《ようよう》たり　杳杳たり　甚だ杳杳たり
道をいい　道をいうに　百種の道あり

（一—一二四）

「悠《ゆう》」には、遠いという意味があります。悠悠と二つかさなりますと、遥《はる》かなさま、久しきさま、ということです。それが六箇もならべられ、太《はなは》だ、という形容がつくわけですから、広大ではるかである、という景色を述べているのです。「杳《よう》」とは、広いという意味です。それに甚《はなは》だ、という形容がつくわけですから、やはり広い、深遠、という意味が強められているわけです。「内外」とは、佛教とそれ以外の教えのことで、その教えが書かれた縑緗《けんしょう》（書物）には千万の数をあげることができ、それにもとづき数えきれないほどの教えが展開している、というのです。ここには、悠然として真実なる世界を、ゆっくりと見わたしている空海の視点が述べられています。

つづいて詩文は、それらの教えを書写したり、読誦することがなければ、どうして後世に伝えることができようと詠じています。そして、生命が生れ、やがて死んでゆくありさまや、生の始めも、死の終りもわからないことを、詩文で次のように綴ります。

三界《さんかい》の狂人《きょうじん》は、狂せることを知らず、
四生《ししょう》の盲者《もうじゃ》は、盲なることを識《さと》らず。
生れ生れ、生れ生れて　生の始《はじ》めに暗《くら》く、
死に死に、死に死んで　死の終《おわ》りに冥《くら》し。
（一—一二四、一二五）

この文は説明する必要もないことです。このように、生れ生れ生れ生れて、また、死に死に死に死んで、と四回もかさねられますと、生命が生れ、やがて死んでゆくありさまが、大きな車輪が廻転していくようにリアルに感じられます。生の始めも、死の終りも暗《くら》（冥）いとは、わからないということでしょう。今生きている生命こそ、明るく見える、責任を持つべきものと説いているのではないでしょうか。

第一住心から第十住心の略説と、帰依の本体

ついで、序文の展開として第一住心から第十住心にわたり、略説の文がありますが、本書の後半で各住心に配して掲載し解説しますので、ここでは略します。そして、言葉や文字でき説き示される「顕教」と、「密教」（金《こん》剛《ごう》の一宮《いちぐう》）の相違について述べています。

ああ自宝《じほう》を知らず、狂迷《きょうめい》を覚《かく》とおもえり、愚《ぐ》にあらずして何《なん》ぞ。孝慈《こうじ》（慈父たる仏）心に切なり、教にあらずんば、何ぞ済《すく》わん。薬を投じることこれにあり。服せずんば何ぞ療せん。いたずらに論《ろん》じ、いたずらに誦《じゅ》すれば、医王《いおう》（仏）呵叱《かしつ》したもう。しかればすなわち九種の心薬《しんやく》は外塵《げじん》を払って迷を遮《しゃ》し、金剛《こんごう》の一宮《いちぐう》は、内庫《ないこ》を排《ひら》いて宝《たから》を授《さず》く。（一―一二八）

この文で注意しなければならないのは、第一住心から第九住心までは、外塵《げじん》、すなわち迷いの心の外的働きのことで、それよりおこる迷いを否定しつくし、金剛の一宮（第十住心）こそ内庫《ないこ》（本来有《ほんらいゆう》している佛としての内実《ないじつ》）を開いて、その中にある宝を授ける教えであると云っている点です。そして礦垢《こうく》（かたい煩悩）が溶け、佛の世界が心の奥底に開花される様子を、

心外《しんげ》の礦垢《こうく》ここにことごとく尽《つ》き、

曼荼《まんだ》の荘厳《そうごん》このとき漸《ようや》く開く。（一―一二六）

と説きます。心外《しんげ》の礦垢《こうく》は、心の外側に付着したかたい煩悩です。その煩悩の塊がようやく尽き、美しくかざられた佛の世界がようやく心の奥底に開花されたと、結論を述べています。

いよいよ、帰依の本体を述べる序文に進みます。空海密教の教主は大日如来です。よって帰依の本体は法身大日如来でありますが、それを次のように述べます。

金剛内外《こんごうないげ》の「寿《じゅ》」と、
離言《りごん》・垢過《くか》・等空《とうくう》・因《いん》と、
作《さ》・遷《せん》・慢《まん》・如《にょ》・真《しん》・乗《じょう》の「寂《じゃく》」と、
制体《せいてい》・旗《き》・光《こう》・蓮《れん》・貝《ばい》の「仁《じん》」と、
日《にち》・幢《どう》・華《け》・眼《げん》・皷《く》の「勃駄《ぼだ》」と、
金・宝・法・業・歌舞の「人」と、
揑《ねっ》・鋳《ちゅう》・刻《こく》・業《ごう》・威儀《いぎ》等の「丈夫《じょうふ》」
無碍《むげ》にして刹塵《せつじん》に過《す》ぎたまえるを帰命《きみょう》したてまつる。（一―一二八）

最後の行は、たがいに離れず一致していて、微塵のように無数におわします、すべての佛たちに帰依し、礼拝いたします、と結ばれていることに注意しましょう。また、「　」に入れた文字に着目していただくと、寿・寂・

仁・勃駄（Buddha）・人・丈夫がいずれも佛を指していることがわかります。他は、すべて佛の各々の表現の仕方です。

まず、「金剛内外の寿」の金剛とは、金剛のごとく堅固なる菩提心のことです。「内外」とは、末尾の行の「無《む》碍《げ》にして刹塵《せつじん》に過ぎたまえる」にかかわると考えられます。

四種曼荼羅説《ししゅまんだらせつ》と曼荼羅の重要性

「離言《りごん》・垢過《くか》・等空《とうくう》・因《いん》」以下の解釈には、『即身成仏義《そくしんじょうぶつぎ》』において定義される四種曼荼羅説《ししゅまんだらせつ》を前提としています。その四種曼荼羅説《ししゅまんだらせつ》は、佛菩薩の四つの表現形式のことで、形像による大曼荼羅、佛菩薩の持ち物で表現する三昧耶曼荼羅、佛菩薩の種子や真言を書く法曼荼羅、佛菩薩の働きを石や木などで立体的《りったいてき》に造《つく》る羯磨《かつま》曼荼羅のことで、次のように説かれています。

もし『金剛頂経《こんごうちょうきょう》』の説によれば四種曼荼羅《ししゅまんだら》とは、一には大曼荼羅《だいまんだら》、いわく一一の仏菩薩の相好《そうこう》の身《しん》なり。またその形像《ぎょうぞう》を綵画するを大曼荼羅《だいまんだら》と名づく。また五相《ごそう》をもつて本尊《ほんぞん》の瑜伽《ゆが》を成ずるなり、また大智印《だいちいん》と名づく。

二には三昧耶曼荼羅《さんまやまんだら》、すなわち所持《しょじ》の幖幟《ひょうじ》、刀剣、輪宝、蓮華等の類これなり。もしその像を画するまたこれなり。また二手《にしゅ》をもつて和合《わごう》し、金剛縛《こんごうばく》より発生して印を成ずるこれなり。また三昧耶智印《さまやちいん》と名づく。

三には法曼荼羅《ほうまんだら》、本尊《ほんぞん》の種子真言《しゅうじしんごん》なり。もしその種子《しゅうじ》の字を各々の本位に書く、これなり。また法身《ほっしん》の三《さん》摩地《まじ》および一切の契経《かいきょう》の文義《もんぎ》等みなこれなり。また法智印《ほっちいん》と名づく。

四には羯磨曼荼羅《かつままんだら》、すなわち諸仏菩薩等の種々の威儀事《いぎじ》業《ぎょう》、もしは鋳《ちゅう》、もしは捏《ねつ》等またこれなり。また羯磨智印《かつまちいん》と名づく。（一―五一）

すなわち、佛菩薩を表現する四つの形式には、佛菩薩の相好の身、その形像を綵画する方法を大曼荼羅といいます。次に佛菩薩が持している刀剣・輪宝・金剛・蓮華等によって表現する方法を三昧耶曼荼羅といいます。像を描くこと、あるいは二手をあわせて印がつくられるのもそうです。佛菩薩の種子真言、その種子の字を書く方法によるものも法曼荼羅といいます。法身如来の三摩地（禅定の境界）や、すべての経典の文義等もそれに入ります。また、佛菩薩の働きと、土や金属や、石や木などで立体的《りったいてき》に造立《ぞうりゅう》された佛菩薩像を羯磨曼荼羅であるというがごときです。このような曼荼羅の重要性について、

密蔵深玄《みつぞうしんげん》にして翰墨《かんぼく》に載《の》せがたし。さら図画《ずが》を仮《か》りて悟《さと》らざるに開示《かいじ》す。種種の威儀《いぎ》、種種の印契《いんげい》、大悲より出でて一都《いっと》に成仏す経疏《きょうしょ》に秘略《ひりゃく》してこれを図像《ずぞう》に載《の》せたり。密蔵《みつぞう》の要《かなめ》、実にこれに繋《かか》れり。（二―二五）

と述べています。これら二つの前提をもってなんとか理解を進めてゆきましょう。

「寿」「寂」「仁」「勃駄」「人」「丈夫」の解釈

さて、次の「離言・垢過・等空・因」は、正確には、離言説・無垢塵（過）・離因縁・等虚空のことです。これらはva・ra・ha・khaの音に変換できます。すなわち、それは言語・垢塵・因縁・虚空のサンスクリット表記の最

初の音であるからです。

　そうしますと、最初の「金剛内外の寿」とは、aの音に変換できなければなりません。よってaとしますと本不生（adi-anutpada）のaということになりなすので、a・va・ra・ha・khaとなり、五字を数えられます。それは、大日・不空・成就・阿弥陀・阿閦の五佛に配せられるのです。そして地・水・火・風・空の五大、方・円・三角・半月・団の五形、黄・白・赤・黒・青の五色にそれぞれ配当具象化されることになります。

　次の「作・遷・慢・如・真・乗」とは、正確には、作業・遷変・慢・如如・真諦・乗のことです。これらはka・ca・ta・ta・pa・laの音に変換できます。サンスクリット語は母音十六字、子音三十五字からなりたっています。その子音の喉声・顎声・舌声・歯声・唇声と、遍口声の各音の第一番目がこれらにあたるわけです。ようするに、全ての文字で佛を表現することが可能ということです。

　次の「制体《せいてい》・旗《き》・光《こう》・蓮《れん》・貝《ばい》」とは、胎蔵法曼荼羅《たいぞうほうまんだら》上の中台八葉院《ちゅうだいはちちょういん》におられる五佛、すなわち、大日如来が制体（caitya・塔）、宝幢《ほうどう》如来が旗、開敷華王《かいふうけおう》如来が光、無量寿《むりょうじゅ》如来が蓮花、天鼓雷音《てんくらいおん》如来が螺貝に配当され、それぞれの三昧耶形のことをいうのです。

　次の「日・幢・華・眼・鼓」とは、前述の五佛の名称です。すなわち、大日如来の日、宝幢如来の幢、開敷華王如来の華、無量寿如来（蓮花眼）の眼、天鼓雷音如来の鼓というわけです。

　次の「金・宝・法・業・歌舞」のうち「金・宝・法・業」は、金剛界曼荼羅会上の中心におられる大日如来の四方に展開している四波羅蜜菩薩《しはらみつぼさつ》の略称です。「歌舞」とは、同曼荼羅《どうまんだら》の内《ない》の四供養佛《しくようぶつ》である嬉・髪・歌・舞のうちの二つをあげたわけです。

　次の「捏《ねつ》・鋳《ちゅう》・刻《こく》・業《ごう》・威儀《いぎ》」ですが、捏は土を捏《なや》して造ったもの。鋳は金属を鋳《い》て造ったもの、刻は彫刻したもの、業《ごう》・威儀《いぎ》は活動をあらわしたものです。

礼拝の対象としてあげたものは、大日如来を中心とした金剛界、胎蔵法の両曼荼羅会の四種の表現形式によってあらわされたすべての佛にむけられたものでした。現在、真言密教では、〝南無本尊界会・南無両部界会〟と唱えますが、まさしくそれです。

よって、その存在の仕方が「無碍《むげ》にして刹塵《せつじん》に過《す》ぎたまえる」というのです。

先に、この詩文に「寿」「寂」「仁」「勃駄」「人」「丈夫」が佛という語であることに注意を促《うなが》しましたが、特に「丈夫《じょうぶ》」について説明したいと思います。

それは、『秘密曼荼羅十住心論』の同じ趣旨の序文に、「能所無碍《のうしょむげ》の六丈夫《ろくじょうぶ》」とあり、この丈夫は六丈夫《ろくじょうぶ》のことであることが明らかです。『即身成仏義』において、六大《ろくだい》・四曼《しまん》・三密《さんみつ》を体（本体）、相（すがた）、用（はたらき）の三大ということをもって、大日即我《だいにちそくわれ》、という命題を論じていますが、その六丈夫とはまさしく六大、六丈夫として私と相即相入《そうそくそうにゅう》しているさまを述べたものでありましょう。このことにつきましては、別の機会を得て詳しく紹介したいものです。

『秘蔵宝鑰』執筆の動機――天皇の詔《みことのり》が発端

序文も後半となりました。ここには本書執筆の動機が端的に説かれておりますので、略してしまうわけにはいきません。

われ今、詔《みことのり》を蒙《こうむ》って十住を撰す

頓《とん》に三妄《さんもう》を越《こ》えて心真《しんしん》に入らしめん。
霧《きり》を褰《かか》げて光《ひかり》を見るに無尽《むじん》の宝《たから》あり
自他受用《じたじゅよう》日にいよいよ新たならん。
軷祖《ばっそ》（道祖神）伽梵《がぼん》（大日）を求む。
幾郵《いくうまや》してか本床（さとり）に到る。
如来明かにこれを説きたまえり
十種にして全場に入る。
すでに住心の数を聴きつ
請《こ》うかの名相《めいそう》を開け。
心の名は後に明かに列《れつ》ぬ。
諷読《ふうどく》して迷方《めいほう》を悟れ。

（一―一二八、一二九）

初めの一行が重要です。「われ今、詔《みことのり》を蒙《こうむ》って十住を撰す」とは、天皇の詔《みことのり》が発端となって執筆したものであるという意味です。残念ながら『十住心論』にも、『秘蔵宝鑰』にも執筆年時がありません。しかし、同じく天皇の詔《みことのり》を受けて執筆されたと考えられる他宗の勅撰書には、天長七年（八三〇）の紀年が見えます。そのため、空海五七歳の時の著作と認められます。

あとの文は、口語訳をもって意味をとっていくことにいたしましょう。

人びとの修行のためにかかるであろう永い時間をすばやく飛びこし、真言密教の悟りに人びとを入らしめようと思う。

煩悩のやみを開いて光を見れば、そこには尽きることのない宝石があり、自分も他人《ひと》もともに十住心の教を受けて、日々にますます新《あら》たなものとなろう。出発にあたってその加護を道祖神に願い、大日如来との邂逅《かいこう》を心に誓うに、どのような旅をかさねてそこに到ことができるのであろうか。

大日如来は明らかにそのことをお説きになっておられる。十の階梯《かいてい》をへて大日如来のみもとに入ることができる、と。

すでに心のたどる階梯には十という数を聞きましたが、いまだにその住心の名称を聞いておりません。その名称は、おって明らかにするつもりですが、まずはそれらを諷誦し、読誦して迷いの方向をただすべきであります。

十住心の名称と要約

ついで十住心の名称とそのコメントが付されておりますので、それをあげてみます。

第一　異生羝羊心《いしょうていようしん》
凡夫狂酔《きょうすい》して　わが非を悟らす。
ただ婬食《いんじき》を念うこと　かの羝羊《ていよう》のごとし。

第二　愚童持斎《ぐどうじさい》心
外の因縁によって　たちまちに節食《せつじき》を思う。
施心萠動《せしんほうどう》して　穀《こく》の縁に遇うがごとし。

第三　嬰童無畏心《ようどうむいしん》
外動天に生じて　しばらく蘇《そ》を得。
かの嬰児《えいじ》と　犢子《とくし》との母に随《した》うがごとし。

第四　唯蘊無我心《ゆいうんむがしん》
唯《ただ》し法有を解して　我人みな遮す。
羊車の三蔵　ことごとくこの句に摂す。

第五　抜業因種心《ばつごういんじゅしん》
身を十二に修して　無明種を抜く。
業生すでに除いて　無言に果を得。

第六　他縁大乗心《たえんだいじょうしん》
無縁に悲を起して　大悲はじめて発《おこ》る

幻影《げんよう》に心を観じて　唯識境《ゆいしききょう》を遮《しゃ》す

第七　覚心不生心《かくしんふしょうしん》

八不《はっぷ》に戯《け》を絶ち　一念に空を観ずれば
心原空寂《しんげんくうじゃく》にして　無相安楽《むそうあんらく》なり。

第八　如実一道心《にょじついちどうしん》

一如本浄《いちにょほんじょう》にして　境智《きょうち》倶《とも》に融す。
この心性《しんじょう》を知るを　号《ごう》して遮那《しゃな》という。

第九　極無自性心《ごくむじしょうしん》

水は自性なく、　風に遇うてすなわち波たつ。
法界は極《ごく》にあらず　警《いましめ》を蒙《こうむ》ってたちまちに進む。

第十　秘密荘厳心《ひみつしょうごんしん》

顕薬《けんやく》は塵を払い　真言庫《しんごんくら》を開く
秘密たちまちに陳して　万徳すなわち証す。

（一―一三〇～一三二）

以上、名称とそのサマライズ（要約）をあげましたが、各住心の説明において再びこの文を引用し確認するつもりです。実は、最初の序の中の詩文を紹介しましたが、その後に続く文に異生羝羊心と第二住心から第九住心の綱要がのべられ、最後にいたって秘宝荘厳心の内容が短い文章で概説されております。これらについては本文の中で取り上げることにします。

2.『秘蔵宝鑰』と天長六本宗書

淳和天皇（在位八二三〜八三三）は仏教の各宗派に対し、それぞれの教義を撰述するように勅令を出しました。淳和天皇は桓武天皇の第七皇子で、嵯峨天皇の弟です。有能な官吏の積極登用や勧農政策、大規模な勅旨田の設定などを実施し、国政と国家財政の再建を図り、安定した淳和時代を築きました。

勅命を受け、天長年間（八二四〜八三四）に六つの宗派から次の教義書が提出されました。

1　三論宗　玄叡『大乗三論大義抄』（全四巻）
2　法相宗　護命『大乗法相研神章』（全五巻）
3　華厳宗　普機『華厳一乗開心論』（全六巻）
4　律　宗　豊安『戒律伝来宗旨問答』（全三巻）
5　天台宗　義真『天台法華宗義集』（全一巻）
6　真言宗　空海『秘密曼荼羅十住心論』（全一〇巻）
　　　　　　『秘蔵宝鑰』（全三巻）

このうち護命著『大乗法相研神章』の序に、天長七年（八三〇）勅命により上進する旨が記され、空海の『秘蔵宝鑰』の序にも「我、今、詔を蒙って十住を撰す」と明記されています。そのため、天長期に提出された「天長六本宗書」は、天長七年前後に撰述されたものと推測されてきました。

各宗派が一書の提出に比べ、真言宗の空海のみが二書です。二書の撰述の前後を検討しますと『秘蔵宝鑰』の文中に三回ほど、「具《つぶさ》には『十住心論』に説くが如し」とありますので、『十住心論』が先で『秘蔵宝鑰』が後の撰述と考えられています。

二書の前後は別として、広本と称される『十住心論』には経典や注釈書など、約六〇〇種の膨大な文献が引用されています。『秘蔵宝鑰』と『十住心論』が空海教学の集大成といえましょう。（W）

3　第一　異生羝羊心《いしょうていようしん》 ——動物的生活に終始する心

種種の悪業を作って、種種の苦果を受けている人間のありかた

いよいよ空海の人間分析の始まりです。空海は第一住心を「動物的生活に終始する心（異生羝羊心《いしょうていようしん》）」としています。異生は凡夫のことで、羝羊は智慧に乏しく力の弱い雄の羊のことですが、動物の中でも最も下等な生き物として、広く本能的・動物的生活を象徴しています。なぜに空海は、人間のある存在の仕方を、異生羝羊にたとえたのでありましょうか。

異生羝羊心とは何ぞ。凡夫狂酔《きょうすい》して善悪《ぜんあく》を弁《わきま》えず、愚童癡闇《ぐどうちあん》にして因果を信ぜざるの名なり。凡夫、種種の業を作って種種の果を感ず。身相万種《しんそうまんじゅ》にして生ず。故に異生と名づく。愚癡無智《ぐちむち》なること、かの羝羊の劣弱《れつじゃく》なるに均《ひと》し。故にもつてこれに喩《たと》う。（一―一三二）

この文には、異生と凡夫とが使われています。また愚童《ぐどう》ともあり同じ意味にちがいありません。そして、その実体は、狂酔《きょうすい》・癡闇《ちあん》です。迷いのありさまを、狂《きょう》・酔《すい》と愚癡《おろか》の闇といいます。それは善悪をわきまえることなく、因果の理を信ずることなく、種種の悪業を作って種種の苦果を受けている人間のありかたです。それをあえて異

生と云ったのでありましょう。

法然上人の引用と『大日経疏』

後世、鎌倉佛教の法然上人は、『消息文』などに、「弘法大師が凡夫を狂酔のごとしと注釈しています」として次のように引用しています。

「又凡夫と申《もうす》この文字をば『狂酔のごとし』と弘法大師釈し給へり。げにも凡夫の心は、物ぐるひさげにゑいたるがごとして、善悪につけて、おもひさだめる事なし。一時に煩悩百《ママ》たびまじはいて、善悪みだれやすければいづれの行なりともわがちからにては行じがたし。」

さて、この法然上人の説明は、おそらく『大日経疏』巻一の次の文によるものにちがいありません。

凡夫とは正訳には異生《いしょう》と云うべし。謂《いわ》く無明《むみょう》に由るが故に業《ごう》に随《したが》って報《むくい》を受けて自在《じざい》を得ず。種種の趣《しゅ》の中に堕《だ》して色心《しきしん》像類《ぞうるい》各各差別《しゃべつ》す。故に異生《いしょう》と云う。

またさらに『大日経疏』巻二では、『大日経』に「愚童凡夫《ぐどうぼんぷ》の類《るい》は猶《なお》し羝羊《ていよう》の如し」と説く「羝羊」について、羝羊《ていよう》は畜生《ちくしょう》の中でももっとも下劣で、食べ物や淫欲《いんよく》のみを思っているので、善悪《ぜんあく》の因果《いんが》を知らざる愚童凡夫《ぐどうぼんぷ》に喩《たと》えたことを、

羝羊《ていよう》は、これ畜生《ちくしょう》の中に性《せい》最も下劣なり。但し、水草及び淫欲《いんよく》の事《こと》を念じて余は知る所なし。故に西方《さいほう》の

語法《ごほう》に順じて以て善悪《ぜんあく》の因果《いんが》を知らざる愚童凡夫《ぐどうぼんぷ》に喩《たと》うるなり。

と述べています。これらのことにつきましては、すでに、『三教指帰《さんごうしいき》』の假名乞児論《かめいこつじ》において詳細に述べられています。空海自身の実体験にもとづくうなずきの文章であったと考えられます。

次に、それら異生類の生死流転のありさまについて『秘蔵宝鑰』では、「私たちがこの世に生まれたのは自分の意志ではなく、死も同じで恐ろしいことです。父や母もこの世に生まれた本当の意味を知らず、死の行方を知らないでいるのです」と、次のように説いています。

それ生はわが好むにあらず、死はまた人の悪《にく》むなり。しかれども、なお生れゆき生れゆいて六趣《ろくしゅ》に輪転《りんてん》し、死に去り死に去って三途《さんず》に沈淪《ちんりん》す。われを生める父母も、生の由来を知らず。生を受くるわが身もまた死の所去《しょこ》を悟らず。過去を顧《かえりみ》れば、冥々《めいめい》としてその首《はじめ》を見ず、未来に臨《のぞ》めば漠々《ばくばく》としてその尾《おわり》を尋《たず》ねず。

（一―一三二、一三三）

これはまさしく、迷える人びとがぼんやりと生死流転しているさまを述べているのですが、さらに、「私たちの頭上には太陽や月や星が輝いていますが、真実の自分を知らないという意味では、犬の目と同じです」と、よりその迷える実体にせまります。

三辰（日・月・星）頂《いただき》に戴《いただ》けども暗きこと狗《く》の眼に同じく、五嶽《ごがく》（中国の五つの名山）足を載《の》すれども迷えること羊の目に似たり。日夕に営営《えいえい》として衣食《いしき》の獄《ごく》に繫《つな》がれ、遠近《おんごん》に趁《はし》り逐《お》うて名利（名誉欲）の坑《あな》に墜《お》つ。しかのみならず、磁石《じしゃく》鋼を吸えば、すなわち剛柔（男女）馳《は》せ逐《したが》い、方諸《ほうしょ》（水分を招く水槽玉）水を招けば、すなわち父子《ふうし》相《あ》い親《した》しむ。父子《ふうし》の親親《しんしん》たる、親の親たることを知らず、夫婦《ふうふ》の相《あ》い愛する、愛《あい》の愛《あい》たることを覚《さと》らず。流水《りゅうすい》相い続き、飛焔《ひえん》相《あ》い助く（愛のはかなさは水の流れ、飛焔がやがて消えてしまうようなもの）。いたずらに妄想《もうそう》の縄《なわ》に縛《しば》られて、空しく無明《むみょう》（煩悩）の酒《さけ》に酔《よ》えり。すでに夢中に遇《あ》えるがごとく。還《かえ》って逆旅《げきりょ》（旅の宿で旅人に）に逢《あ》うに似たり。

（一—一三二、一三三）

空海の人間の生きざまを冷静に見つめる目は、現代に生きる私たちにも直接に響いてくるようです。「日夕に営営として衣食《いじき》の獄に繫《つな》がれ、遠近に趁り逐うて名利の坑に墜つ」とは、人間というもののどうしようもない実態を鋭《するど》く突《つ》くものでありましょう。毎日毎日、あくせくとして衣食、すなわち食物と衣類との欲望につながれてしまい、遠くに近くに走りまわって名利の坑、即ち名誉欲《めいよよく》の穴《あな》におっこちてしまっている、ということです。親子、夫婦、男女の愛も、流れる水や燃えあがる火のように、流れそして消《き》え失《う》せてしまうものです。「いたずらに妄想《もうそう》の縄《なわ》に縛《しば》られて、空《むな》しく無明《むみょう》の酒に酔《よ》えり」とは、心にずっしりと響きますね。それもです、頭上には太陽や、月や、星が輝き、もっとも高い山の頂上に立っていながら、犬や羊のごとく地にあるものだけしか視野に入っておらず、こよなく小さく、低く暗く生きているのです。

空海の生死の視点

ついで、生死の問題に視点を移します。

一・二道より展生《てんしょう》し、万物《ばんぶつ》三によって森羅《しんら》たり。自在よくなし、梵天の所作なりというがごときにいたっては、未だ生人の本を知らず。誰か死者の起りを談ぜん。

（一―一三四）

「一」とは、虚空の大道なる混沌《こんとん》の一気のことです。それより陰・陽の「二」が生じて人間が造られ、天・地・人の「三」から万物が創造流転するという説、あるいはインドの神々の一つである梵天が世界を創造したとする信仰も、ようは因果の理を信ずることがなかった点で否定されました。人間の生まれの本も知らないし、死者の起こりをどうして理解できるでしょうか。

次は生きる現実相を詳細に分析します。すなわち、動物の世界では、狼や虎など強いものが小動物などの弱いものを殺して食う、弱肉強食のありさまを述べ、人も畜類もまた同じように生きている様子を示します。

ついにすなわち豺狼《さいろう》（雄と雌のおおかみ）・狻虎《さんこ》（獅子と虎）は毛物（小動物）を咀嚼《そしゃく》（かみくだく）し、鯨鯢《けいげい》（雄と雌のくじら）・摩竭《まかつ》（マカラ・大魚）は鱗族《りんぞく》（魚類）を呑歠《どんせつ》（のみこむ）す。金翅《こんし》（ガルーダ、蛇を食べる大鳥）、龍を食《は》み、羅刹（ラークシャサ・悪鬼）、人を喫《くら》う。人畜（人と畜類）相い呑《の》み、強弱《ごうにゃく》相い噉《くら》う。

（一―一三四）

さらに、人間と動物との関係については、

況《いわん》やまた、弓箭野《きゅうぜん》を亘《わた》れば猪鹿《ちょろく》の戸《とぼそ》（住居）、種を絶ち、網罭《もういき》（網と小網）、沢を籠《こ》むれば魚鼈《ぎょべつ》（魚や亀）の郷《さと》族《やから》を滅す。鷹隼《ようじゅん》飛べば鷩鵠《べっこく》（雉《きじ》や鶴《つる》）涙を流し、敖犬《ごうけん》（猛犬）走れば狐兎《こと》腸《はらわた》を断つ。禽獣《きんじゅう》は尽くれども、心には未だ飽《あ》かず、厨屋《ちゅうおく》（台所）には満てども舌には厭《いと》わず。

（一—一三四）

そして、人間と人間との関係につきましては、次のように説いています。

強《ごう》・竊《せつ》二盗（強盗《ごうとう》と窃盗《せっとう》）は珍財《ちんざい》い迷《まよ》うて戮《りく》（刑）を受け、和《わ》・強両奸《ごうりょうかん》（不義《ふぎ》）は娥眉《がび》（美人）に惑《まど》うて身を殺す。四種の口業（うそ・かざりことば、わるぐち・二枚舌《にまいじた》）は舌に任《まか》せて斧《おの》を作り、三箇の意過（むさぼり・いかり・おろかさ）は心に縦《ほしいまま》にして自ら毒す。無慚無愧《むざんむき》（はじらいのないこと）にして八万の罪ことごとく作り、自作教他《じさきょうた》（みずから犯し、他を犯さしめる）して塵沙《じんじゃ》の過《とが》（教えきれないほどのあやまち）つねになす。すべて一一の罪業《ざいごう》、三悪《さんなく》（地獄《じごく》・餓鬼《がき》・畜生《ちくしょう》）の苦《く》を招き、一一の善根《ぜんこん》・四徳《しとく》の楽《らく》（さとりの常《じょう》・楽《らく》・我《が》・浄《じょう》）に登ることを覚知《かくち》せず。

（一—一三四）

十悪と十善

ここで述べられていることは、人間の行う十悪《じゅうあく》についての分析です。それを身三《しんさん》・口四《くし》・意三《いさん》と数えます。

『性霊集《しょうりょうしゅう》』巻第一、「喜雨の歌」を見ますと、次のように同じ趣旨の文があります。

哀哀《あいあい》たり末世の諸《もろもろ》の元元《げんげん》（人びと）。聾瞽《ろうこ》（見る目と聞く耳をもたない迷える人）にして聖者《せいじゃ》の言《こと》を屑《もののかず》にせず。

> 久しく無明《むみょう》の酒《さけ》に酔《よ》うて本覚《ほんがく》の源《もと》を知らず。長く三界の夢に眠つて永く四蛇《しじゃ》（地・水・火・風）の原《はら》（身体）を愛す。身と口と心とに十悪を行ず。不忠不孝にして罪業《ざいごう》繁《しげ》し。因果を撥《はつ》（無視）して罪福を無《ない》にす。蕩《とう》逸昏迷《いっこんめい》（心のくらいさま）にして口腹《こうふく》を営《いとな》む（欲望をおいもとめる）。生れ之《ゆ》き死に之《ゆ》いて笑《わら》つて哭《こく》す。東《ひがし》に打たれ、北《きた》に打《う》たるる撼《す》べてこの由《よし》なり。業障は重《おも》く、功徳は軽《かろ》し。
>
> （三―一〇六）

というがごときです。

「生れ之《ゆ》き死に之いて笑つて哭す」とは、人間の一生の実際は、このようなものではないのか、と実に鋭《するど》く言い放った言葉ではありませんか。ここでも、「身と口と心とに十悪を行ず」と述べていることに注意したいと思います。十悪はすなわち、殺生《せっしょう》・偸盗《ちゅうとう》（盗み）・邪婬《じゃいん》（不義）・妄語（偽り）・綺語（ざれごと）・悪口・両舌（二枚舌）・貪欲（むさぼり）・瞋恚（いかり）・邪見（おろかさ）のことです。身体で行う悪いことが三、言葉で話す悪いことが四、意《こころ》で思う悪いことが三です。この反対が十善で、それを行い守るものが十善戒です。

弘仁四年（八一三）仲夏晦日という記のある空海四〇歳の『遺誡《ゆいかい》』に、三帰・八戒・五戒や、声聞・菩薩等の顕戒、または三摩耶戒、すなわち密戒をあげています。それらをふまえて、

> かくのごとくの諸戒《しょかい》は十善《じゅうぜん》を本となす。いわゆる十善とは身三《しんさん》・語四《ごし》・意三《いさん》なり。末《まつ》を摂《せっ》して本《もと》に帰《き》すれば、一心《いっしん》を本《もと》とす。一心の性は佛と異なることなし。我心《がしん》と衆生心《しゅじょうしん》と仏心《ぶっしん》との三、差別なし、この心に住すれば、すなわちこれ仏道と修す。
>
> （二―一六四）

としています。十善戒は全ての戒のもとであり、十善の本は一心そのものであって、その一心は仏と異なることがない、としています。我心・衆生心と仏心との三平等観は、成佛の問題とかかわってきます。成佛はすぐれて主観的であると同時に、客観的であると言えます。それは、我身・佛身・衆生身の平等なる世界に、我々を導くからにほかなりません。

是の如く等の身は、縦横重重にして鏡中の影像と燈光との渉入との如し。彼の身即ち是れ此の身、此の身即ち是れ彼の身、仏身即ち是れ衆生の身、衆生の身即ち是れ仏身なり。不同にして而も同じなり、不異にして而も異なり。（一—五六）

とありますが、このような三平等観を前提として成佛が考えられていることは注意すべきです。ともかく、ここでは十悪を行ってしか生きていけない迷える人びとに、十善の実践を強くうったえているのです。

断見《だんけん》・常見《じょうけん》・邪見《じゃけん》などのあやまった見解を批判

次はあやまった見解をあげての批判です。

あるがいわく、人は死して気に帰る、さらに生を受けず、と。かくのごときの類をば断見と名づく。あるがいわく、人は常に人たり、畜は常に畜たり、貴賤常に定まり、貧富恒に分れたり、と。かくのごときの類をば常見と名づく。

あるいは午狗《ごく》の戒を持《たも》ち、あるいは恒河《ごうが》に投死す。かくのごときの類をば邪見という。邪見外道《じゃけんげどう》その類無量なり。出要《しつよう》（迷と離れる方法）を知らず、妄見《もうけん》を祖《そ》とし習《なら》えり。かくのごとき等の類はみなことごとく羝《てい》羊《よう》の心なり。　（一―一三四）

ここに、断見《だんけん》・常見《じょうけん》・邪見《じゃけん》というごとき、真理を見ることのできない人びとのあり方をあげたわけです。ここでの断見《だんけん》とは、死後の生命の断滅を主張する見解です。人は死んで陰と陽との二気に帰って再び生を受けることがない、ということです。常見とは、世界も自我が常恒《じょうごう》であると主張する見解です。これらの二見については、

因縁生滅《いんねんしょうめつ》を知るをもつての故に、有無《うむ》の見《けん》を滅《めつ》し、断常《だんじょう》の二辺《にへん》を遠離《おんり》する。　（一―三七二）

といわれるゆえんです。

人は死んで陰と陽との二気にかえって再び生を受けることがない、というのを断見。人は常に人であり、動物は常に動物である、社会的な身分の高い低いということもすでに定まっており、経済的な貧富の差も定まっている、というのを常見で、共に邪見です。

また、牛や犬のような生き方をすることによって天に生まれ、聖河ガンジスに死体を投ずると天に生まれる。このような見解は、やはり邪見です。このような見解の立場は数多く存在しています。そして、このような見解から抜け出る方法を知らないのは、もともと誤った見解を学んだからです。このようなたぐいの人びとを「本能のおもむくままに生きるおさない羊の弱々しい心」の持ち主ということができるでしょう。

以上の全体を詩文によってまとめております。上段が原文の書き下し、下段が口語訳です。

凡夫は善悪に盲《めし》いて
因果あることを信ぜず
ただし眼前《がんぜん》の利《り》のみを見る
何ぞ地獄の火を知らん
羞《は》づることなくして十悪《じゅうあく》を造り
空しく神我《しんが》ありと論ず
執着して三界を愛す
誰《だれ》が煩悩《ぼんのう》の鎖《くさり》を脱《のが》れん

ああ、凡夫は善と悪とに盲目であり
因と果との道理を信じずに
ただ、目の前の利益のみにこだわっている
どうして地獄の劫火の苦しみを知りえようか。
はじることなく十悪の行《おこない》をなし
虚しくも神我ありと言いつのり
とらわれのなかで迷しみの世界を愛す
いったい誰が煩悩の鎖をたち切ることができようか。（一―一三五）

最初（『秘蔵宝鑰』本論の始め）に各住心のタイトルと、まとめの言葉がありましたが、言及しませんでしたので、ここに原文の書き下し文をあげ、下段に口語訳を示します。今までの解説をもとに再読してみてください。

第一　異生羝羊心《いしょうていようしん》
凡夫狂酔《ぼんぷきょうすい》して
わが非を悟らず
ただし婬食《いんじき》を念《おも》うこと

凡夫《ぼんぷ》が煩悩に狂い酔って、
自分が間違っていることを悟らず
ただ、性欲や食べ物に執着している

かの羝羊《ていよう》のごとし　　まるで、力弱き羊のような心の状態である　（一―一三〇）

「第一住心」論述の典拠

最後に、この「第一住心」を論述するための典拠をあげることになります。それは、『大毘盧遮那《だいびるしゃな》成仏《じょうぶつ》神変《じんぺん》加《か》持経《じきょう》』巻第一、住心品《じゅうしんぼん》第一（以下、『大日経』住心品と表記）と、『金剛頂《こんごうちょう》瑜伽《ゆが》中《ちゅう》發《ほつ》阿耨多羅《あのくたら》三藐《さんみゃく》三菩提《さんぼだい》心論《しんろん》』（以下『菩提心論』と表記）です。この二つの経・論は、空海思想のいたるところに、その根拠を提供しております。特にこの『秘蔵宝鑰』では、その全体にわたり、二つの経・論の思想がゆきわたっていると云っても過言ではありません。

ここで、『大日経』住心品と、『菩提心論』について概説をしておきます

『大日経』（全七巻）は善無畏《ぜんむい》（六三七～七三五）と、弟子の一行《いちぎょう》（六八三～七二七）が訳しました。全七巻の内、第一住心品は教理篇。第二具縁品《ぐえんぽん》以下は実修篇です。

第一住心品は、まず毘盧遮那如来《びるしゃなにょらい》が執金剛秘密主《しゅうこんごうひみつしゅ》の質問にたいして一切智智《いっさいちち》（仏の智恵）を獲得するための根拠を説くものです。そして、その中心的な課題が《菩提心《ぼだいしん》を因《いん》となし、大悲を根《こん》となし、方便《ほうべん》を究竟《くきょう》とする》とする三句の法門といわれるものです。そのために自心のありようをあるがままに観察すること、なわすち「実の如く自心を知る」という命題がかかげられます。よって、自心に菩提を求めること、そして佛の智慧を獲得することこそが最重要であるとして、凡夫の心の分析を始めとして、次第に向上する心の相を、順世《じゅんせ》の八心、世間《せけん》の六十心等を経過してやがて一切智慧の証得にいたります。その心の向上していく過程が、十住心階梯の重要な根拠となっているのです。

また、『菩提心論』（全一巻）は龍猛菩薩《りゅうみょうぼさつ》造、不空《ふくう》（七〇五〜七七四）訳です。全体が（一）行願菩提心《ぎょうがんぼだいしん》、（二）勝義菩提心、（三）三摩地菩提心の三種菩提心の論述であり、それがまた中心課題で、総称して菩提心戒ともいわれています。

まず、（一）行願菩提心とは、大悲心の発現です。それに利益行と、安楽行とがあります。利益行とはまさしく密教の教えをもとに衆生救済をすることによって、人びとに利益を得させることです。また、安楽行とは浅く、そして権《かり》の教えをもって導き、安楽を自覚させるものです。（二）勝義菩提心とは、別名を深般若心《じんぱんにゃしん》ともいいます。諸法の無自性《むじしょう》なることを観察《かんさつ》し、さらに深い密教の教えを受けようとする心です。（三）三摩地菩提心とは、別称して大菩提心ともいいます。すなわす浄菩提心を開発《かいほつ》するための密教観法の実際が体系的に紹介されております。この菩提心開発《かいほつ》の過程が、住心展開を論ずるための重要な根拠となったわけです。

他に『釈摩訶衍論《しゃくまかえんろん》』がありますが、それは引用のところで詳しく紹介します。『秘蔵宝鑰』では論拠について、

問う、いずれの経によってか、この義を建立するや。答う、『大日経』なり。かの経にいかんが説く。（一―一三六）

と問答し、続けて「経にいわく」として『大日経』住心品の一文を引用しています。書き下し文と口語訳を並記します。読み比べ、理解を深めてください。

秘密主、無始生死《むししょうじ》の愚童凡夫《ぐどうぼんぷ》は、我名《がみょう》と我有《がう》とに執着して無量の我分《がぶん》を分別す。秘密主、もしかれ我の自

性を観ぜざれば、すなわち我我所生ず。余はまた、時《じ》と、地《ち》等の変化《へんげ》と、瑜伽《ゆが》の我《が》と、建立《こんりゅう》の浄《じょう》と、不建《ふこん》立《りゅう》の無浄《むじょう》と、乃至、声《しょう》と、非声《ひしょう》とありと計《けい》す。秘密主、かくのごとき等の我分《がぶん》は、昔《むかし》よりこのかた、分別《ふんべつ》と相応《そうおう》して順理《じゅんり》の解脱《げだつ》を希求《きぐ》す。秘密主、愚童凡夫《ぐどうぼんぷ》の類は、なおし羝羊《ていよう》のごとし。

秘密主よ、はてもなき生死をくりかえしている愚かな人びとは、我の執着と我の実体観とのなかで自我を中心とした数えきらないほどの邪見にとらわれることになるであろう。秘密主よ、もしかれ、我の自性（真実なすがた）を観ずることがなければ、我と我の所有にかかわる見解がますます生じてくるのである。その他、時がすべてであるとする時外道や、地・水・火・風・空がすべてをつくっているとする地外道《ちげどう》や、瑜《ヨー》伽《ガ》と相応する理に我を認める瑜伽外道や、一切を建立し清浄とする建立外道、またそれを否定する不建立外道。ないし、声の常住なるを主張する声論外道、それを否定する立場とがある。

秘密主よ、このような我の差別は、昔より妄分別と相応して、各々の理にしたがって悟りを求めるのである。

秘密主よ、このような愚かな人びとは、あたかも羝羊のとし、というのである。

次に『秘蔵宝鑰』では、論拠として龍猛《りゅうみょう》の『菩提心論《ぼだいしんろん》』を引用しています。同じように書き下し文と口語訳を示してみましょう。

いわく凡夫は名聞利養資生《みょうもんりようししょう》の具《ぐ》に執着して、務《いとな》むに安身《あんしん》をもってし、恣《ほしいまま》に三毒・五欲を行ず。真言行人、

誠に厭患《えんげん》すべし、誠に棄捨《きしゃ》すべし。　（一―一三六）

迷える人びとは、名声や、利益や、生活の道具などに執着して、もっぱら自身に満足をもとめており、むさぼり・いかり・おろかさの三毒や、眼・耳・鼻・舌・身に色・声・香・味・触の感覚的な欲望をおこしているのである。真言道をあゆむ人は、まことにいとい離《はな》れるべきであり、棄《す》てさるべきである。

空海の心に響く教え

以上、第一異生羝羊心の全体にわたり述べてまいりました。

最後に、人間のどうしようもないあり方をついて説く空海の言葉をあげ、次のステップとしたいと思います。それは、『性霊集』巻第八におさめられている「仏経を講演して四恩の徳を報ずる表白」の中の一文です。

文の概略の意味は、「私の出生も自ら願ったものではなく、無明《むみょう》の父母により、この世に生まれたのです。この世は苦しみに満ちたところであり、歳月はたちまち過ぎ去り、今日の朝に健康であった人も、明日の夜には病死してしまうのも、世の習いです。父母に死に別れて慟哭し、配偶者を失い、子供さえ死別する悲しみが横溢しています。この娑婆世界の苦しみから脱出するには、菩薩の善誘の力や、仏の大悲の功徳に頼らなければ、とてもかないません」というものです。

空海の志操あふれる語彙の豊かさと、巧みな譬喩は、声に出して繰り返し読むとき、読む人の琴線に触れ、心の奥底に味わい深い響きを感じさせてくれます。

それ生は我が願うにあらず、無明《むみょう》の父《ちち》我を生ず。死はまた我が欲《ねが》うにあらず、因業《いんごう》の鬼《き》我を殺す。生、これ楽《らく》にあらず、衆苦《しゅうく》の聚《あつ》まるところなり。死は喜ぶにあらず、諸憂《しょゆう》だちまちに逼《せま》る。生は昨日のごとくなれども、霜鬢《そうびん》（白いかみの毛・老人）たちまちに催《もよお》す。強壮《きょうそう》は今朝、病死は明夕なり。徒《いたず》らに秋の葉の風を待《ま》つ命《めい》を恃《たの》むで、空しく朝の露の日を催《むか》う形を養う。この身の脆《もろ》きこと泡沫《ほうまつ》のごとく、吾が命の仮《かり》なることと夢幻《むげん》のごとし、無常の風たちまちに扇げば四大（地・水・火・風）瓦《かわら》のごとくに解け、閻魔の使たちまちに来れば六親《ろくしん》（父・母・兄・弟・妻・子）誰か馮《たの》まんや。朝朝夜夜《あさなあさなよなよな》衣食《いいし》の奴《やっこ》に労し、年年《としとし》月月恩愛の縄《つな》に繋《つな》がる。心肝《しんかん》（心）父に離《わか》れ、母に離《わか》るるの哭《こく》に爛《ただ》れ、涕涙偶《ているいぐう》（夫婦）を喪《うしな》い、子を喪《うしな》うの悲しみに溢《あふ》る。地獄《ごく》の猛炎《もうえん》は殺生《せっしょう》の業より発《おこ》り、餓鬼《がき》の醜形《しゅうぎょう》は慳貪《けんどん》（むさぼりおしむ）の罪より生ず。此《ここ》に死し、彼《かしこ》に生じて生死の獄出でがたく、人となり、鬼となって病苦の怨《うらみ》招き易し。悲しいかな、三界の子《し》。苦しいかな、六《りく》道《どう》の客。善知識《ぜんちしき》（菩薩）善誘《ぜんゆう》の力、大導師（仏）の大悲の功にあらずよりは、何ぞよく流転《るでん》の業輪《ごうりん》を破し、常住仏果に登らむ。

（三—三四四）

3. 第一と第十

空海はなぜ、十住心の最初に「第一異生羝羊心」を設けたのでしょうか？　禅門では「即心即仏」といい、私たちの迷える心そのものが仏と説きます。一方、浄土門では西方極楽浄土への往生を願い、現世ではなくはるかな彼岸に理想の世界を説きます。

空海の真言密教の究極の理想は「即身成仏」です。すなわち現世の肉体ぐるみの救いを説き、真の意味での現実肯定の煩悩即菩提の教えです。この立場に立つとき、煩悩を示す「第一異生羝羊心」と菩提を意味する「第十秘密荘厳心」が両極で、しかも相即していること、それゆえに出発点としての異生羝羊心の真摯な自覚が重要なのだと気づきます。（W）

4　第二　愚童持斎心《ぐどうじさいしん》――自ら反省し、他人に施す心

厳しい冬に春の訪れるように、必ず訪れる転向の契機

「第一異生羝羊心《いしょうていようしん》」では、空海の人間分析に導かれて、本能のままにゆれ続ける人間のあり方について考察しました。しかし、私たちはそのままの姿で生き続けていくわけではありません。十悪の行いに対して十善の行いを示し、善き行動をするようにすすめました。

さて、厳しい冬にもやがて春の訪れがあるように、「異生羝羊心」のままに生きている人間にも、転向の契機は必ずやって参ります。空海は人間分析の第二段階目の「愚童持斎心《ぐどうじさいしん》」を、「冬枯れの樹木も、そのまま冬枯れの状態にあるわけではなく、春ともなれば美しい花を咲かせます。厚く凍った氷も、夏がめぐってくれば、いつの間にか解け流れ去ります。穀物の種から芽が出るには、湿気が必要ですし、芽が葉となり果実となるには、時が必要です」と、壮麗な散文詩ともいえる語調で書き出しております。

それ禿《かぶろ》なる樹、定んで禿なるにあらず。春に遇うときはすなわち栄え華さく。増《かさな》れる氷《ひ》、なんぞ必ずしも氷《ひ》ならん。夏に入るときすなわち泮《と》け注《そそ》ぐ。穀牙湿《こくげしつ》を待ち、卉菓《きか》時に結ぶ。戴淵《たいえん》心を改め、周処《しゅうしょ》忠孝あつしがごときに至つては、砿石《こうせき》たちまちに珍となり、魚珠《ぎょしゅ》夜を照す。物に定れる性なし。人なんぞ常《つね》に悪《あく》な

らん。縁《えん》に遇《あ》うときはすなわち庸愚《ようぐ》も大道を庶幾《こいねが》い、教に順ずるときは、すなわち凡夫《ぼんぷ》も賢聖《けんせい》に斉《ひと》しからんと思う。羝羊自性《ていようじしょう》なし、愚童《ぐどう》もまた愚《ぐ》にあらず。（一―一三六）

この文の冒頭《ぼうとう》の枯れ木が芽吹《めぶ》く様相は、私たちが自然界《しぜんかい》に目をむけたとき、誰もが深く頷《うなず》く事象です。空海が体験していたであろう、高野山での厳しく長い冬から春の気配を迎える、季節の移ろいの心象風景が目に浮かぶようです。

文中の戴淵《たいえん》と周処《しゅうしょ》は中国の『晋書《しんしょ》』登場する人物です。戴淵《たいえん》は陸機に忠告されて心を改め趙王に仕え大将軍となり、周処《しゅうしょ》もまた老父にいさめられて呉王に仕え忠孝の手本となりました。このように他の人からの教誡や訓誡を契機に、立派な将軍や忠臣となった例は歴史上に珍しくありません。砥石《こうせき》も磨かれて初めて宝石となります。どうして羝羊心の人だけがいつまでも悪のままでありましょうや。善き縁に遇うことで、愚かな人も大道に心をむけ、善き教えに出会うことによって、凡夫もすぐれた人となろうと決心するのです。ですから、本能のままに生きる羝羊心も、固定的なものではなく、愚かな人の心もそのままではありえないのです。

仏を自己の外に求めず、自己の内に仏が現成する

では、その内なる心の発動は、いったいどのようにしておこるのでしょうか。空海は心の進展を考察し、本来、人が内に秘めている仏性（本覚）の香りが匂い立ち、目覚めた者の光が内から外に輝き出してくるように、人の心が変化していく様子を次のように説いています。

この故に本覚《ほんがく》内に薫《くん》じ、佛光外に射して。欻爾《こつじ》に節食《せつじき》し、数数《さくさく》に檀那《だんな》す。牙《が》・種《しゅ》・疱《ほう》・葉《よう》の善《ぜん》、相続して生じ、敷華《ふうけ》・結実《けつじつ》の心、探湯不及《たんとうふぎゅう》なり。（一―一三七）

それにしても、愚かさに凝り固まっていた人の心の進展が、いったいどのようにして可能となるのでしょうか。「本覚内に薫し、佛光外に射す」とは、人の心の進展の契機を述べた言葉です。「本覚」とか、「佛光」という言葉に注目していただきたいと思います。これらは、私たちが佛となる、あるいは、佛であることの大前提となるものです。佛教が目指すものは心を統一し、深い禅定の内にあって真実なるものを悟る智慧を獲得することです。大乗佛教においても、その鉄則にかわりはありません。

しかし、それを積極的に可能とするために、佛の慈悲心を取り次ぐ菩薩を誕生させ、衆生救済の大誓願を担《にな》わせました。さらに、成佛を可能にさせる佛性が全ての人びとに、平等に、内在していることが主張されたのです。あるいは、「如来蔵」という言葉も使われ、人間の本源において清浄なるものがあること、あるいは清浄なるものの懐《ふところ》において迷いが解放される、というような境界がもっとも重要とされました。すなわち、佛たるものを外に求めるのではなく、自己の内に仏が現成するということです。

大乗佛教の基本的な主張は、佛たるものが人それぞれの内にあって、やがてそれが現成するということです。しかし、現実の迷いの世界に暮らす人びとがたやすく実現できるものではありません。なぜなら、本来内在している佛性・如来蔵の上に、さまざまな煩悩が外からやってきて、本来の清浄なるものを晦《くら》まし、迷える心の持ち主にしているからです。

『大日経』住心品の命題は、実の如く自心を知る、すなわち如実知見ということです。因みに『十住心論』の秘密荘厳住心第十の最初の文では、「自心《じしん》の源底《げんてい》をよくよく知り、ありのままの自分を見極めよ」として、次のように説いています。

秘密荘厳住心《ひみつそうごんじゅうしん》とは、すなわちこれ究竟《くきょう》して自心《じしん》の源底《げんてい》を覚知《かくち》し、実《じつ》のごとく自身《じしん》の数量《すうりょう》を証悟す。（一―五五一）

空海の入唐以前の状況と、入唐の目的

すなわち、ここにいう自心の源底とか、自身の数量とは、内在する佛そのものということにほかなりません。もう一つの例をあげてみます。それは『性霊集』巻第七、「四恩の奉為《おんため》に二部の大曼荼羅《だいまんだら》を造《ぞう》する願文《がんもん》」の中の一文です。前後の文章から考察しますと、この文章は弘仁一二年（八二一）四月三日より八月末日にかけて大悲胎蔵大曼荼羅、金剛界大曼荼羅等二六種を図し奉り、九月七日の供養の場で奉読《ほうどく》された願文と考えられます。空海四八歳の秋のことでした。そこには、入唐以前の状況と、入唐の目的が簡潔に述べられています。

弟子空海、性薫《しょうくん》我を勧《すす》めて還源《げんげん》を思《おもい》とす。径路《けいろ》未だ知らず、岐《ちまた》に臨《のぞ》んで幾《いく》たびか泣く。精誠感《せいせいかん》あってこの秘門《ひもん》（秘密の教え）を得たり。文に臨《のぞ》んで心昏《くろ》うして赤縣《せきけん》（中国）を尋ねんことを願う。人の願いに天順《てんしたが》いたもうて大唐《だいとう》に入ることを得たり。（三―二七八）

「性薫《しょうくん》我を勧《すす》めて還源《げんげん》を思《おもい》とす」とありますが、性薫とは前掲の「本覚内に薫ずる」と同一の意味です。また、

還源《げんげん》とは、源《みなもと》である本覚《ほんがく》の裡《ふところ》へ帰るということです。空海は入唐以前において、そのことに悩み苦しんだことが述べられています。

「径路《けいろ》」とは、細道《ほそみち》・小道《こみち》のことで困難な道のことでしょう。その道にいまだ出会わないでいる空海は、岐《ちまた》に臨んで（分岐《ぶんき》点に立って）、あれかこれかと迷い、幾たびか泣いたと告白しています。本源《ほんげん》であり、本来成佛であるこの源に、いかに還っていくかということが、空海にとって最も重要なテーマであったことが明らかです。

さらに、『性霊集』巻第八「有る人、先師のために法事を修する願文《がんもん》」で、人は皆、癡愛《ちあい》にいつまでもとらわれ、それが愚かなことに気づく日がこないまま、無明におおわれて悟りを開くことができない有様を次のように述べています。

> しかりといえども、深く癡愛《ちあい》（おろかさとむさぼり）に酔《よ》って醒悟《しょうご》（おろかさのきずき）に日なし、久しうして無明に覆《おお》われて還源期《げんげんご》（時）なし。
> （三―三六〇）

この一文中の還源は、さとりということです。

道徳規範の「五常」と、仏教の「五戒」を対比

では、ここで『秘蔵宝鑰』の「第二愚童持斎心《ぐどうじさいしん》」に戻ります。

「本覚内に薫じ、佛光外に射す」という日常生活の行動が、忽《たちま》ちに節食《せつじき》し、しばしば布施《ふせ》をなす、ということにあらわれ、種子から芽・種・疱・葉と次第に進展し、敷華・結実の心を確立することになるわけです。そして「探《たん》湯不及《とうふぎゅう》」、すなわち善行《ぜんぎょう》を見ては心をはげまし、悪行を見ては捨てようとする気持ちになるのです。

それでは、日常生活の規範となるものは、どのようなものでしょうか。空海は、儒教で説く生活上の道徳規範ともいうべき五常（仁《じ》・義《ぎ》・礼《れい》・智《ち》・信《しん》）と、佛教の信者たちが最低限守らなければならない五戒（不殺生・不偸盗・不邪婬・不飲酒・不妄語）とを対比し、一致させています。

> 五常《ごじょう》漸《ようや》く習《なら》い、十善鑚仰《じゅうぜんさんごう》す。五常《ごじょう》といっぱ、仁《じ》・義《ぎ》・礼《れい》・智《ち》・信《しん》なり。仁《じん》をば不殺等に名づく。己を恕《おもんぱか》つて物に施す。義《ぎ》はすなわち不盗等なり。積《つ》んでよく施す。礼《れい》はいわく不邪等なり。五礼序《ついで》あり。智《ち》はこれ不乱等なり。審《つまびらか》に決しよく理《こと》わる。信《しん》は不妄の称なり。言って必ず行う。（一—一三七）

この背景には、佛教が中国に布教を展開するにあたり、中国の人びとに仏教への理解を深めてもらうために、儒教の徳目である「五常」と、佛教の信者が守るべき最低限のきまりである「五戒」とを関係づけて、解き明かす必要があったわけです。それを整理しますと、

「五常」　「五戒」
仁——不殺生
義——不偸盗
礼——不邪婬
智——不乱（不飲酒）
信——不妄語

となります。

仁は、不殺生《ふせっしょう》にあたり、自からの身に即して、他人《ひと》に対してあわれみの心を施すことです。

義は、不偸盗《ふちゅうとう》にあたり、他人《ひと》の物を盗まないだけでなく、節約して施すことです。

礼は、不邪婬《ふじゃいん》にあたります。男女の関係をつつしみ、秩序を守ることです。

智は、不飲酒《ふおんじゅ》にあたります。よく事柄をわきまえて対応することです。

信は、不妄語《ふもうご》にあたります。言うだけでなく必ず実行することです。

このように儒教の五常と、佛教の五戒とを関係させて理解を促すことは、佛教が中国社会に浸透する上で必要なことでした。

五常と五戒は意味は通じても、利益は別

では、五常や五戒の実践が、社会の中にどのような効果をあらわすのでしょうか。空海は、五常や五戒が完全に行われれば、「四序」、すなわち春・夏・秋・冬が調和（玉燭）し、五才、すなわち木・火・土・金・水が混乱しない（金鏡）ことが明らかと説きます。したがって、国が行えば天下が平和となり、家で行えば、「路に遺《わすれ》たるを拾わず」、すなわち他人が落としていったものを拾わないなど、正しい生活が実現することを表徴的に表現しています。

よくこの五を行う時は、すなわち四序玉燭《ぎょくしょく》し、五才金鏡《きんけい》なり。国にこれを行えば、すなわち天下昇平なり。家にこれを行えば、すなわち路に遺《わすれ》たるを拾わず。名を挙げ、先を顕わすの妙術、国を保ち、身を安んず

るの美風《びふう》なり。外には五常《ごじょう》と号し、内には五戒《ごかい》と名づく。名異にして義融《ぎゆう》じ、行同じうして益別《やくべつ》なり。断《だん》悪修善《なくしゅうぜん》の基漸《きぜん》、脱苦得楽《だくくとくらく》の濫觴《らんしょう》なり。　（一―一三七、一三八）

空海はさらに文中で、具体的な効果のありさまをあげています。すなわち、自分の名声を高め、先祖の徳を顕彰するためのすぐれた方法であり、国家を平和にし、人びとを幸福にするための美風となるのだといいます。これら五つの倫理徳目は、儒教の立場からは五常といわれ、佛教の立場からは五戒といわれても、それはただ名称が相違するのみで、意味するところは通じあうとも説いています。

しかし、その行うことは同じようであっても、利益《りやく》は別です。すなわち、五戒は悪を断じて善を修するための基漸《きぜん》（基本）であり、苦をのがれ楽を得るための濫觴《らんしょう》（みなもと）となるものだからです。

『仁王経《にんのうきょう》』を引用して五戒十善の果報を説く

次に空海は、五戒十善の果報について示します。すなわち、須弥山《しゅみせん》を中心に四洲があり、それぞれに王者がおり、その王者には粟散《ぞくさん》王と四輪王の五種がいて、五人の王はそれぞれ十善の功徳でこの世に生まれてきたものと述べ、『仁王経《にんのうきょう》』の経文を引用しています。

四洲の人民に各々王者あり、王に五種あり、粟散《ぞくさん》と四輪王となり。この五種の王は必ず十善に乗じて来御《らいぎょ》す。故に『仁王経《にんのうきょう》』にいわく、「十善の菩薩、大心を発《おこ》して長く三界の苦輪海を別《はな》る。中下品の善は粟散王、上品の十善は鉄輪王、習種は銅輪にして二天下なり。銀輪は三天性種性なり。道種賢徳の転輪王は七宝の

金輪にして四天下なり」　（一―一三八）

須弥山《しゅみせん》を取り巻く四洲の五種の王とは、粟散王《ぞくさんおう》と金輪王、銀輪王、銅輪王、鉄輪王です。この五人の王は、いずれも十善行を実行した功徳によって、この世に生まれて王となりました。それゆえに『仁王護国般若波羅蜜多《にんのうごこくはんにゃはらみた》経《きょう》』巻上、「菩薩行品」に、

「十善を行う菩薩は、大菩提心を発《おこ》して長く三界の苦海を離れる。中品と下品の十善を行うものは、粟散王となり、上品の十善を行うものは、鉄輪王となり、十住の菩薩は、銅輪王となって二天下をおさめ、十行の菩薩は銀輪王となって三天下を治め、聖道の種子を植えた賢徳なる菩薩の転輪聖王は、七宝の金輪王となって四天下を治める」

と記されている経文を引用しています。そして、『仁王経』の引用文を含めて、五戒・十善の功徳を次のように総合的に解説しています。

今この文を案ずるに、王者および民は、必ず五戒・十善を行じて人中に生ずることを得。未だこれを棄ててよく得るものはあらじ。前生《ぜんしょう》に善を修して今生《こんじょう》に人を得。この生に修せずんば還って三途《ず》に堕《お》ちなん。春の種を下さずんば秋の実《み》いかんが獲《え》ん。善男善女、仰がずんばあるべからず、仰がずんばあるべからず、十悪・十善の報、聖王・凡王の治、つぶさには『十住心論』のごとし。　（一―一三八）

その意味を解釈しますと、「すなわち、人間界に生まれた王と人民は共に五戒を守り、十善を行った結果であり、

五戒と十善を実行せずに人間界に生まれることは、ありえないのです。前生《ぜんしょう》に善を修したから、今生《こんじょう》に人間として生きているのです。もしも、今生に善を修しなかったならば、三途（地獄・餓鬼・畜生）の世界に堕ることになりましょう。春に種を蒔かなければ、秋に実を得ることはできない、という諺《ことわざ》の通りです。善男・善女よ、仰ぎ信じなければなりません、仰ぎ信じなければなりません。そして十悪・十善の果報や、聖王・凡王の政治のありさまは、『十住心論』に詳しく述べています」というものです。

せっかく前生において十善を修し、今生に人間と生まれてきたのですから、今生において十悪を行じたならば地獄に直行してしまうことを、警告として心にとどめるべきでしょう。

「第二愚童持斎心《ぐどうじさいしん》」のまとめの詩文

次に「第二愚童持斎心《ぐどうじさいしん》」のまとめの詩文があります。上段に原文の書き下し文を、下段に口語訳を示します。

愚童《ぐどう》少しく貪瞋《とんじん》の毒を解《げ》して	愚かな凡夫もわずかに貪瞋《とんじん》の毒を理解して
欻爾《こうじ》に持斎《じさい》の美を思惟し	たちまちに自己を律することのすばらしさに気づき
種子内に薫じて善心を発す	善行を行うならば種子として内に収められた善心が発揮され
牙《げ》・疱相続《ほうそうぞく》して英軌《えいき》を尚《たっと》ぶ	木の芽がふくらむように、優れた道理を尊ぶ心が高まり
五常・十善漸《ようや》く修習すれば	社会倫理の五常や、仏教の十善を実践すれば
粟散・輪王もその旨を仰ぐ	粟散《ぞくさん》王《おう》や四輪王も敬礼するでありましょう　（一—一三八、一三九）

すなわち、愚童凡夫もむさぼり、いかり、おろかさの三毒をわずかに理解して、欻爾《こつじ》（たちまち）に節食の心をおこし、他人《ひと》に施すというすばらしい行為をしようと考え、本覚の種子が内心に影響して善心を発すのです。それがだんだんと芽・疱と次第していき、向上していくきまりを尊重するのです。五常や十善を一つひとつ修習すれば、粟散王《ぞくさんおう》や四輪王など五人の王も、その行為にたいして敬礼するでありましょう、いうものです。

最初（『秘蔵宝鑰』本論の始め）に各住心のタイトルと、詩文がありましたが、詳述しませんでしたので、ここに原文の書き下し文をあげ、下段に口語訳を示します。今までの解説をもとに再読してみてください。

第二　愚童持斎心《ぐどうじさいしん》

外の因縁によつて　　外からの因縁によつて
たちまちに節食を思う　　たちまちに道徳心がおこり
施心萠動して　　他に対する心配りの芽が生長し、やがて結実し
穀の縁に遇うがごとし　　穀が割れて芽が出てくるような心の状態

（一―一三〇）

これまで説明してきましたように、外の因縁とは五常・五戒の実践です。その結果、節食の思いがおこり、他人に施そうとする心が動きだし、あたかも、穀物の種子が因縁を得て、芽を出すようなものです、との意です。

『大日経』住心品の経文――種子から果実までの六段階

最後に『大日経』住心品の文を援用します。経文では、植物の種子が果実となるまでの過程を六段階に分けて、

供養心の高まりを表徴しています。

経にいわく、「愚童・凡夫、ある時に一法の想《そう》生ずることあり。いわゆる持斎《じさい》なり。かれこの少分を思惟して歓喜を発起《ほっき》し、数数《さくさく》に修習す。秘密主、これ初の種子の善業《ぜんごう》の発生《はっしょう》するなり。またこれをもつて因《いん》として六斎日《ろくさいび》において、父母、男女、親戚に施与《せよ》する、これ第二の牙種《がしゅ》なり。またこの施をもつて非親識の者に授与する、これ第三の疱種《ほうしゅ》なり。また、この施をもつて器量高徳《きりょうこうとく》の者に与うる、これ第四の葉種なり。また、この施をもつて歓喜して伎楽の人等に授与し、および尊宿《そんしゅく》に献《こん》ずる、これ第五の敷華《ふけ》なり。また、この施をもつて親愛《しんあい》の心を発《おこ》してしかもこれを供養《くよう》する、これ第六の成果《じょうか》なり。（一―一三九）

「持斎」の斎とは、正午を過ぎてから食事を取らないことです。たま、食事の量を減らして他の人びとに分かち与えるという想いがおこり、それが喜びの心となり、しばしば試みることになったわけです。これが第一の善行の種子が発生したということです。

次に、その心がさらに増大して「六斎日」、すなわち月の八・一四・一五・二三・二九・三〇日の六日には、一切食事を摂らないという斎戒を守るなかで、父母や、世間の男女、あるいは親戚の人びとに施す、そのような心のあらわれが第二の芽の出た状態ということです。

次に、その人にとって、かかわりのある人びとに施す心のあらわれが、第三の疱のできた状態です。

次に、高徳の人に施す心のあらわれが第四の葉の繁った状態です。

次に、喜びをもって佛を供養する音楽家や、世間の人びとが師とあおぐ人に施す心のあらわれが、第五の花の咲いた状態です。

次に、親愛の心をおこし、佛に供養する心のあらわれが、第六の果実となった状態です。

このように、施しをするという、すなわち供養をする心が着実に向上していくことが、この「第二愚童持斎心」のテーマです。

空海の格調の高い文章『十住心論』巻第二

空海は広論、すなわち『十住心論』巻第二、愚童持斎心の冒頭で、格調の高い文章を綴っています。『大日経』の経文を骨子にしつつ、だんだんと向上していく心のありようを描く、見事な表現です。

愚童持斎心《ぐどうじさいしん》とは、すなわち人趣善心《にんしゅぜんしん》の萌兆《ぼうちょう》（きざし）、凡夫帰源《ぼんぷきげん》の濫觴《らんしょう》（本来佛であることへの帰り）なり。万《まん》劫《ごう》の寂種《じゃくしゅ》（長い間の芽のでない種子）、春雷《しゅんらい》に遇うて甲坼《こうさ》け、一念《いちねん》の善幾《ぜんぎ》（善心のきざし）、時雨《じう》に沐《よく》して牙《げ》を吐《は》く。歓喜《かんき》を節食《せつじき》に発し、檀施《だんせ》（布施）を親疎《しんそ》に行ず。少欲《しょうよく》の想《おもい》はじめて生じ、知足《ちそく》の心やや発《おこ》る。高徳を見て尊重し、伎楽《ぎがく》を具して供養す。過《か》を知りて必ず改め、賢《けん》を見て斉《ひと》しからんと思い、初めて因果を信じ、ようやく罪福を諾《うべな》う。親親《しんしん》に孝《こう》し、忠《ちゅう》を国主《こくしゅ》に竭《つく》す。不及《ふぎゅう》の善《ぜん》生じ、探湯《くがたち》の悪《あく》休す（『論語』の「善を見ては及ばざるが如くし、不善を見ては湯を探ぐるが如くす」による）。内外の三帰これよりおこり、人天の十善これによりて修行す。疱《ほう》・葉《よう》・華《げ》・果《か》・受用《じゅよう》・無畏《むい》・殊勝《しゅしょう》・決定《けつじょう》（初めに種・牙を加える）、かくのごとくの十地（心）、相続して生ず。羝羊の冬樹《とうじゅ》はたちまちに春苑《しゅんえん》の錦華《きんけ》を抜《ひら》き、異生《いしょう》の石田《せきでん》はたちまちに秋畝《しゅうほ》の茂実《み》を結ぶ。人天の十地はここにおいて初めて開け、三乗の位次は相続しておこる。（一—二七五）

『十住心論』巻第二で、説くところの趣旨・内容は、『大日経』の本文と同一ですが、読み比べるとき、空海のすばらしい文章力に感嘆します。

ところで、前述した文章の中に、

十悪・十善の報、聖王・凡王の治、つぶさには『十住心論』のごとし。　（一―一三八）

とありました。「十悪・十善の果報や、聖王・凡王の政治のありさまは、『十住心論』に詳しく述べています」という表現です。『十住心論』に詳しく述べていますというような、同じ表現は「第三嬰童《ようどう》無《む》畏《い》心《しん》」の中に、

これこの二十八種の天、海を去る遠近、身量の大小、寿命の長短等はつぶさには『十住心論』のごとし、繁を恐れて述べず。　（一―一四二）

と出てきます。いずれも、「詳細は『十住心論』にゆずる」と明記したもので、『秘蔵宝鑰』に三ヵ所あります。このことから『十住心論』の著述が先行し、その後に『秘蔵宝鑰』が執筆されたことが明らかになります。両書を比較すると、同じ趣旨を論じた著作でありつつ、別本の様相を有しているように思われます。

たとえば、『十住心論』は多くの引用文によって構成されており、『秘蔵宝鑰』では引用文が極めてしぼりこまれています。また、『十住心論』ではまったく言及されていない十四問答が、『秘蔵宝鑰』の第四住心に増補され

ていたり、第十住心にいたっては、その全体が『菩提心論』の三摩地段の文章に変えられています。

これらの詳細な検討・考察は、その都度、必要に応じてふれていくことにします。

空海の聖語『秘蔵記』の一文

例によって、「第二愚童持斎心《ぐどうじさいしん》」を締めくくるにあたって、空海の聖語をあげて、次の「第三嬰童無畏心《ようどうむいしん》」へのステップとします。

それは『秘蔵記』の一文で、まず、「衆生は身中に、本来清浄な仏心があり、仏と衆生に差別はないことを知らずに迷っているので」、仏はこの衆生を救済せずにはおかないとの誓願《せんがん》を起こした由来を述べます。そして、もしも衆生が佛に帰依することがあれば、仏の加持力によって六塵（心を汚す六識の対象、すなわち色・声・香・味・触・法の六境）を打ち破って悟りが出現します。それはまるで、春の雷鳴によって地中の虫が地面に出てくるようなものです、と説いています。

仏は衆生の身中の本来自性の理は、仏と等しくして差別なしと知りたまえり。しかも衆生は、己が本有《ほんぬ》・本始《ほんし》の両覚《りょうかく》は佛と等しきを知らず、恒常《つね》に六塵《ろくじん》（色・声・香・味・触・法の六境）の煩悩に覆弊《ふくへい》（おおわれて）せられて、顕出《けんしつ》することあたわず。この故に仏、悲願《ひかん》を発《おこ》したもう。われ衆生を抜済《ばっさい》してわれのごとく異《こと》なることなからしめんと、この誓願《せんがん》を垂《た》れたもう。

もし衆生にして帰依《きえ》することあれば、法界定《ほっかいじょう》に住する自受法楽《じじゅほうらく》の始来、驚覚《きょうがく》して敢《あ》えて本願《ほんがん》に違越《いおつ》せず、行者の所に影向《ようごう》して、真言《しんごん》・印契《いんげい》をもつて加持護念《かじごねん》したもう。……

衆生、仏の加持力を蒙《こうむ》つて六塵《ろくじん》の淤泥《おでい》を突破し、自心の覚理《かくり》を出現すること、春雷《しゅんらい》の響《ひびき》に頼《よ》つて蟄虫《ちゅうちゅう》（地中の虫）の地を出づるがごとし。仏と等しくして差別なしと知るはこれ平等の我なり。我れのごとく異なることなからしむるはこれ誓願の義なり。如来驚覚したもうはこれ驚覚の我なり。衆生、仏の加持力を蒙つて益を得るはこれ除垢障の我なり

（二―六二二、六二三）

4. 異文化との出会い①「仏教と儒教」

空海は「第二愚童持斎心」で、仏教の信者が守るべき五戒と、儒教で説く道徳規範ともいうべき五常を巧みに対比し、意味するところは通じ合うと説き、一方で「利益《りやく》は別です」とも示しています。

ここにはインド文化の一つの仏教と、中国文化の核心である儒教の、異文化交流の実相があります。異文化交流のなかで、なかなか融和できないのが風俗や習慣、固有の文化に根差した潜在的な意識です。

日中文化の関係史を専攻する藤善真澄は、仏教が中国社会になかなかなじめなかったのは、

「たとえば、僧尼の姿、剃髪《ていはつ》である」

と指摘しています（『隋唐時代の仏教と社会』四頁）。具体的には、「積善の家には余慶《よけい》あり」と、子々孫々に連結する家族を基本とする中国には、「身体髪膚《しんたいはっぷ》これを父母に受く、毀傷《きしょう》せざるは孝の始めなり」という、『孝経』の有名な言葉があります。父母から授かったわが身、わが髪、わが膚を傷つけてはならない、それこそが孝の始めなのだ、という意で、親子だけでなく夫婦、君臣の秩序、そしてあらゆる社会規範の根幹です。

それに対し、仏教は父母との繋がりを断って家を出て、髪を剃り、世俗と離れ、粗末な衣を着て、乞食《こつじき》の生活です。善因善果は家単位ではなく、あくまでも個人です。この僧尼のあり方は、中国社会でなかなか受け入れられませんでした。

仏教は紀元前後に中国に伝播し、約五〇〇年にわたって儒教や道教など中国文化と交流・融合したのち、両者がほぼ同時に日本に伝わって来ました。そのときには「出家が出た家は七代の繁栄を招く」と言われる一面を持つほどになっていました。（W）

5　第三　嬰童無畏心《ようどうむいしん》――死後天に生まれると信じて安心する心

嬰童無畏心《ようどうむいしん》の名前の由来

節食《ぜつじき》をし、他人にそれを施すという心は、その人に歓喜をもたらし、次第に心が向上して素朴な宗教心に結びつきます。まさしくそれが第三の嬰童無畏心《ようどうむいしん》にあたります。ここまでに、第一住心の異生《いしょう》、第二住心の愚童《ぐどう》、そして第三住心の嬰童《ようどう》と呼び名が移りかわってきました。

まず、その名称から説明することにします。嬰童とは幼童、おさない子供のことです。むろん凡夫そのものの表現の一つでもあります。そして嬰童無畏心とは、仏教以外の立場の人や、凡夫が人間界を厭《いと》い、天上界に生まれることを欣《ねが》う心をいい、空海は次のように説いています。

嬰童無畏心《ようどうむいしん》とは、外道人を厭《いと》い、凡夫天を欣《ねが》う心なり。上《かみ》、非想《ひそう》に生じ、下《しも》、仙宮に住して、身量四万由旬《ゆじゅん》、寿命八万劫《ごう》にして、下界を厭《いと》うこと瘡瘀《そうお》のごとく、人間を見ること蜉蝣《ふゆう》のごとし。光明日月《こうみょうにちがち》を蔽《かく》し、福報輪王《ふくほうりんのう》に超《こ》えたりといえども、しかれどもなおかの大聖に比すれば、劣弱愚朦《れつじゃくぐもう》なることこの咳児《がいに》に似たり。少分の厄縛《やくばく》を脱るるが故に無畏《むい》なり。未だ涅槃の楽を得ざるが故に嬰童なり。（一―一四〇）

文中の「非想《ひそう》」とは、正確には非想非非想処《ひそうひひそうじょ》のことで、略称して「非想」といいます。すなわち、欲《よく》・色《しき》・無《む》色《しき》の三界の最上天をいうのです。外道（仏教以外の立場の人）や、凡夫は上《かみ》は最上界の非想非非想処の境界に生まれることを願い、下《しも》は仙人の住む宮殿に生まれたいと望むのです。天上界に住する人びとの身体の大きさは四万ヨージャナもあり、寿命は八万劫《ごう》にわたるものです。そのため、下界を厭《いと》うことは瘡瘀《そうお》、すなわち汚《けが》れている瘡《か》瘀《さ》を見るごとくであり、人間の生命《いのち》のはかないさまは蜉蝣《ふゆう》、かげろうのごとしと見るのです。

「光明日月《こうみょうにちがち》を蔽《かく》し、福報輪王《ふくほうりんのう》に超《こ》えたり」とは、天上界に住する神々の放つ光明が、日・月の輝きをかくしてしまい、その福報は転輪聖王の威光をもこえてしまうほどといいます。けれども、大聖仏陀とくらべれば、劣弱《れつじゃく》、おろかで弱弱《よわよわ》しく、愚朦《ぐもう》、何も知らない小児のようです。

しかし、この第三嬰童無畏心《ようどうむいしん》の境界にとどまっている人びとは、わずかにとらわれを脱れているので無畏《むい》であり、いまだ悟りの楽しみを得ていないから嬰童というよりほかはないのです。

天上界に生まれることを欣《ねが》う心

そこで、天上界に生まれるという教えはどのようなものであり、それを教える師について、問答が始まります。最初は天上界に生まれることを主題にして、続いて天の種類や名称についての応答です。

問う、聞くならく、准犬《わいけん》高く踏《ふ》み、費竜《ひりゅう》遠く飛ぶこと、ならびにこれ薬力《やくりき》の致すところ、師術《しじゅつ》のなすところなり。今この天等はいずれの教により、誰《だれ》の師についてかよくかくのごときの自在光明《じざいこうみょう》の身、寿命長《じゅみょうちょう》遠《おん》の楽《らく》を得る。また天に幾種かある。請う、その名を示せ。高問来《こうもんきた》り叩《たた》く、鏡谷《しょうこく》何ぞ黙《もだ》さん。嘗試《こころみ》にこれを論ぜん。
それ狂毒《きょうどく》自ら解けず、医王よく治す。摩尼《まに》自ら宝にあらず、工人よく瑩《みが》く。いわゆる医王《いおう》と工人《こうじん》とあに異人ならんや。わが大師薄伽梵《ばがぼん》その人なり。如来の徳は万種《まんしゅ》を具せり。一一の徳はすなわち一法門の主なり。かの一一の身より機根量《きこんりょう》に従《したが》つて、種種の法を説いて衆生を度脱《どだつ》したもう。　（二―一四〇、一四一）

問　聞くところによりますと、『神仙伝』（第四）という書物によれば、漢の淮南王《わいなんおう》劉安が仙薬によって昇天したとき、王《おう》が飼育していた犬も仙薬をなめて昇天したといい、費長房《ひちょうぼう》が仙人から与えられた竹杖に乗ったところ、竹杖が竜となって大空に飛び去った、といいます。前者は仙人の薬（仙薬）を用いたものであり、後者は仙術によるものでした。今、ここでいう天等に生れるという教えは、どのようなもので、どのような師によって自在光明の身や、寿命長遠の楽しみを得ることができるのでしょうか。またそれらの天はどれほどの種類があり、どのような名称であるのか教えて下さい。

わが大師世尊は医王（名医）であり、工人その人です

答　素晴らしい質問が出されました。鐘は叩くのに答え、谷は響きに応ずるものです。立派な質問がでたのに、どうして黙っていることができましょうか。こころみに、論ずることにしましょう。
すなわち、狂毒は自ら解消できるものではなく、医王（名医）によって解毒（治療）されます。宝石もそのままでは宝石とは言えません。工人によってみがかれてこそ宝石となるのです。すなわち、医王（名医）と工人とでどのような違いがあるのでしょうか。わが大師世尊（薄伽梵）はまさに医王（名医）であり、工人その人です。そして、如来の徳は万種にわたるものであり、その一つ一つの徳はすなわち一法門の主です。よって、一つ一つの仏身より人びとの機根や能力に応じて法が説かれるわけです。それらの万種の教えによって人びとが済度されます。それゆえに、『大日経』住心品に次のように記されているのです。

如来《にょらい》・応供《おうぐ》・正遍知《しょうへんち》、一切智智《いっさいちち》を得て、無量の衆生のために広演分布《こうえんぶんぷ》して、種種の趣《しゅ》、種種の性欲《しょうよく》に随って、種種の方便道《ほうべんどう》（教）をもつて、一切智智を宣説《せんぜつ》したもう。あるいは声聞乗道《しょうもんじょうどう》、あるいは縁覚乗道《えんがくじょうどう》、あるいは大乗道《だいじょうどう》、あるいは五通智道《ごつうちどう》、あるいは願つて天に生じ、あるいは人中、および竜《りゅう》・夜叉《やしゃ》・乾闥婆《けんだつば》に生じ、乃至、摩睺羅伽《まごらか》に生ずる法を説きたもう、云云　（一―一四二）

この『大日経』からの引用文の概要は、「如来は完全な悟りを得て、無量の衆生のために教えを広め、人びとのさまざまな素質や能力に応じて、無数の救いの手段を用いて絶対の智慧を説いています。あるいは声聞乗《しょうもんじょう》、あるいは縁覚乗《えんがくじょう》、あるいは大乗道《だいじょうどう》、あるいは五通智道《ごつうちどう》（天眼、天耳、他心、宿命、神境の五神通）など、あらゆる人びとに教えを説かれているのです」というものです。

そこで次のように、「今この文《もん》によらば、すなわち、この『大日経』住心品の経文によれば、三乗の教えや、人天乗の教えは、みな如来の説かれたものなので、それぞれの教えに従って修行するならば、必ず天上界に生まれることができる道理です」と説いていています。

今この文《もん》によらば、三乗《さんじょう》および人天乗《にんてんじょう》の教は、ならびにみな如来《にょらい》の所説《しょせつ》なり。もし教によって修行するも

のは必ず天上に生ず。（一一四一）

外道の教え——仏教に合うものと、相違するものとの二種がある

さらに、関連する問答が続きます。

問う、もししからば、もろもろの外道等の所行は、みなこれ仏法か。答う、これに二種あり。一には合《ごう》、二には違《い》なり。合《ごう》とは、如来の所説に契合《かいごう》するが故に。違《い》とは、仏説に違乖《いげ》するが故に。もとはこれ仏説なりというといえども、しかも無始の時よりこのかた展転相承《ちんでんそうじょう》して本旨《ほんし》を違失《いしつ》せり。あるいは自見に随って牛《ご》・狗《く》等の戒を持つて、もつて生天を求む。かくのごときの類は、ならびに本意を失せり。

問う、もし仏説ならば、宜しく直ちに佛乗《ぶつじょう》等を説くべし。何ぞ天乗《てんじょう》等を説くことを用うるや。(答う)、機《き》根契当《こんかいとう》の故に、余《よ》の薬《くすり》は益なきが故に。（一一四二）

問　もろもろの外道の教えと行法は、皆、仏法と同じですか。

答　仏教以外の教えを展望しますと、仏教に合うものと、相違するものとの二種、すなわち、合《ごう》・違《い》に分けられます。合《ごう》は如来の所説に合致するもので、違《い》は仏説に相違するものです。また、相違するものであっても、もとは仏説であったものが長い間の伝承の過程で、本旨に相違してきたものです。また自己の信仰のみに従って牛《ご》戒《かい》や狗戒《くかい》をたもつことで、天に生まれることを求めるものもあります。これらは仏説の本意を失ったものです。

問　もしそれら全てが仏説であるならば、どうして天乗等が説かれるのでありましょうか。

答　それは人びとの機根にあわせて説かれたものであり、他の人にとって利益がないからです。

『秘蔵宝鑰』ではこの問答に続いて、「天の数を示してください」と質問し、空海は三界・二八天の名称をならべ、詳細は『十住心論』にゆずる、としております。

三宝・三学、中道について、仏教以外の立場との比較検討

次に、仏教の中心的な思想であります三宝・三学、そして中道について、仏教以外の立場との比較検討の問答となります。

問う、すでに天の名数を聞きつ。重ねて請う、かの行相を示せ。答う、もろもろの外道等もまた三宝・三学等の名を立つ。梵天《ぼんてん》等を覚宝《かくほう》とし、『四吠陀論《しべだろん》』等を法宝とし、伝授修行者《でんじゅしゅぎょうしゃ》を僧宝とす。十善等を戒とし、四禅那《せぜんな》はすなわち定なり、この定は六行《ろくぎょう》によって得。六行とは、いわく、苦《く》・麤《そ》・障《しょう》、浄《じょう》・妙《みょう》・離《り》これなり。下界を厭《いと》うて苦《く》・麤《そ》・障《しょう》の想いをなし、上天を欣《ねが》うて浄《じょう》・妙《みょう》・離《り》の観をなす。この観によるが故に展転上生《ちんでんじょうしょう》し。他主空三昧《たしゅくうざんまい》によって空慧発生《くうえほっしょう》す。この三学《さんがく》によって、上天の妙薬《みょうやく》を得。しかりといえども、道、究竟《くきょう》にあらざるが故に、生死を出でて涅槃を得ること能わず。上、非想を射すれども、還って地獄に堕《お》つること、たとえば箭《せん》を虚空《こくう》に射《い》るに、力尽きてすなわち下るがごとし、是の故に楽求《ぎょうぐ》すべからず。

（一―一四二、一四三）

問　すでに天界の名前や数を聞いたので、もう一度、行相（心のはたらきなど）を示してください。

答　もろもろの外道、たとえばインドのバラモン教でも、仏教の三宝に相当するものが存在します。梵天等の神々が覚宝（仏）、四種のヴェーダ論（リグ・サーマ・ヤジュル・アタルバァ）が法宝、ヴェーダの伝授修行者が僧宝である、という主張です。また、戒・定・慧の三学についても、十善等を戒とし、初・二・三・四禅の四つの禅定を定とし、この定は六行観によって得るものとします。また空恵（慧）は、他主空三昧、すなわち梵天や自在天を創造神とし、その創造神によってすべてが支配されていると達観し、空の智慧が生ずるとしております。このような仏教以外の教えの三学によっても、上天の妙薬を得ることができるのです。

しかし、このような教えは究極のものではありません。生死を出て涅槃に入ることができないからです。それはもっとも高い天にのぼったとしても、かえって地獄に堕《お》ちてしまうのです。あたかも箭《や》を虚空に射ても、力尽きれば地面に落下してしまうようなものです。ですから、それらの教えをねがい求めてはいけないのです。

有・無の二見、断・常の二辺と中道の検討

次は、二辺と中道についての検討です。

問う、もろもろの外道同じく三学を修してかの二界に生じ、空三昧を証して言亡慮絶《ごんぼうりょぜつ》す。何によつてか煩悩を断じ、涅槃を証することを得ざるや。

答う、観、二辺に著し、定、二見を帯するが故なり。（一―一四三）

問　では、仏教以外の立場でも三学を修して、天上界に生まれ、空三昧を証するといわれるのに、どうして煩

悩を断じ、涅槃を証することができないのでしょうか。

答　それは、二辺に執着し、二見にとらわれているからです。この二辺、二見とは相待観のことです。

　問う、同じく非有・非無を観ず、何ぞ二辺《にへん》・二見《にけん》に堕《だ》するや。（答う）他主に繋属《けいぞく》して因縁《いんねん》の中道《ちゅうどう》を知らざるが故なり。因縁の中道その意いかん。因縁の有を観ずるが故に断辺《だんぺん》に堕《だ》せず。自性空《じしょうくう》を観ずるが故に常《じょう》見《けん》に墜《お》ちず。有空《うくう》すなわち法界なりと観ずれば、すなわち中道正観《ちゅうどうしょうかん》を得。この中道正観によるが故に、早く涅槃《ねはん》を得。外道邪見《げどうじゃけん》の人はこの義を知らず。この故に真の円寂《えんじゃく》を得ず。もしこの理《り》を聞かばすなわち羅《ら》漢《かん》を得てん。

（一—一四三、一四四）

問　仏教以外の立場では、すべては有ではなく、神我は無ではないと観ずるのに、どうして断・常の二辺、有・無の二見に墜ちることになるのでしょうか。

答　それは、梵天や自在天に従属しているので、仏教で説く因縁の中道を知らないからです。因縁の中道とは、すべては因縁によって生ずるものであり、仮有なるものとするので断見におちず。因縁によって生ずるものは自性空であると観ずるから常見におちないのです。よって、仮有と自性空は法界の相であると観想することで、中道の正観を得ることができるのです。この中道の正観によって早く涅槃を得るのです。仏教以外の人びとや邪見の人びとは、この義を知らないから、真のさとりを得ることができないのです。もしもこの理を聞くことができたならば、阿羅漢《あらかん》（聖者）となることができるのです。

空海は、有・無の二見、断・常の二辺を離れる大切さを説いています。私たちは生まれながらに、本能的に、生命には始まりがあり、終わりがあるというような認識をしています。それは、過去・現在・未来という時間的経過の体験を念頭に置いての相待観ともいえます。しかし、それだけでなく、空間の相待の中にも生きているわけです。そこでは、人の心は完全に相待世界の中にとらわれているといえましょう。

たとえば、善と悪との問題を考えてみても、人によって、状況によって、善と悪との価値判断が相違します。そして、一方にとらわれているから、争いや、悩み、苦しみが生じます。すべての存在は仮有であり、自性空であると観ずることによって、相待観をのりこえられるのです。それが中道の正観です。

生天に四種あり

ここで、有・無の二見、断・常の二辺を離れ、中道の正観によって涅槃を得ることを強調し、生天説の本題にもどることになります。

問う、戒を護つて天に生ずるに幾種かある。生天に四種あり。一には外道、前の説のごとし。二には二乗、また天上に生ず。三には大乗の菩薩、必ず十天の王となるが故に。四には応化の諸仏菩薩、化して天王となるが故に、つぶさには『十住心論』に説くがごとし。（一―一四四）

問　戒を守って天上界に生まれる人は、どれぐらいの種類がいますか。

答　生天には四種があります。一つには外道で、前に説明した通りです。二つには声聞乗と縁覚の二乗もまた天上界に生じます。三つには大乗の菩薩です。必ず欲界の六天と色界の四禅天を合わせた十天の王となるがゆえに天上界に生じるといえます。四つには人びとの能力や状況に対応して現れる諸仏・諸菩薩です。仮に天上界の王となるがゆえに、天上界に生じるといえます。詳しくは『十住心論』に説くがごとしです。

仏教側でも生天説に充分に対応しうることを述べた文で、先の『大日経』とあわせて考察すべき問答です。

まとめの詩文と「第三嬰童無畏心《ようどうむいしん》」の詩文

例によって、まとめの詩文です。上段に原文の書き下し文を、下段に口語訳を示します。

外道発心《げどうほっしん》して天の楽を願い	外道が発心して天の楽を願い
虔誠《けんじょう》に戒を持して帰依《きえ》を覓《もと》む。	つつましく戒をまもり梵天等の帰依につとめているが
大覚円満者《だいがくえんまんしゃ》を知らず	大覚円満者たる仏を知らず、
あに梵天《ぼんてん》・竜尊《りゅうそん》の非を悟らん。	梵天・竜尊の信仰ではいたらないのです。
六行修観《ろくぎょうしゅうかん》して無色《むしき》に生じ	上天を欣い下界を厭うて最上位に生じ
身心《しんじん》五熱《ごねつ》していたずらに自ら嘰《いた》む。	身心を五熱に苦しめられ、いたずらに自から苦しんでいます。
断・常・空・有に勝住を願う	断・常の二辺、空・有の二見によって安住の境界を願っている
もし世尊に遇《あ》わばわが違《い》を覚《さと》らん。	もし世尊に遇えば、おのれの過ちを覚るでしょう　（一―一四四）

となりましょう。また、上段に「第三嬰童無畏心《ようどうむいしん》」の詩文（原文）の書き下し文をあげ、下段に口語訳を示します。今までの解説をもとに再読してみてください。

第三　嬰童無畏心《ようどうむいしん》

外道天に生じ
しばらく蘇息《そそく》を得。
かの嬰児と
犢子《とくし》との母に随うがごとし。

仏教以外の人びとは、天に生まれことを願い
しばらくの安心を得る。
まるで母親に抱かれた赤子や
子牛が親に従っているような心の状態です。

（一―一三〇）

蘇息《そそく》とは、しばらくの安心のことです。すなわち無畏《むい》、恐れのないことと同じです。嬰児や犢子（子うし）が母親のところでしばらくの安心を得た様子を記しています。

第三住心の典拠――『大日経』と『菩提心論』

ついで、この第三住心の典拠についての問答が始まります。

問う、今この住心はまたいずれの経論によつて解説《げせつ》するや。答う、『大日経』・『菩提心論』なり。かの経にいかんが説くや。かの経にいわく、

（二）「秘密主・かれ戒を護って天に生ずるは、これ第七の受用種子《じゅようしゅうじ》なり。またつぎに、秘密主、この心をもつて生死に流転するに、善友のところにおいて、かくのごときの言を聞く、これはこれ天なり、大天なり、一切の楽を与うるものなり。虔誠に供養すれば、一切の所願みな満つ。いわゆる自在天《じざいてん》・梵天《ぼんてん》・那羅《なら》

延天《えんてん》・商羯羅天《しょうぎゃらてん》・自在天子《じざいてんし》・日天《にってん》・月天《がってん》・竜尊《りゅうそん》等、乃至、あるいは天仙・大囲陀論師《だいいだろんし》なり。各各にあまねく供養すべしと。かれかくのごとくなるを聞いて心に慶悦《きょうえつ》を懐《いだ》いて慇重《おんじゅう》に恭敬《くぎょう》し、随順《ずいじゅん》し、修行《しゅぎょう》す。秘密主、これを愚童異生《ぐどういしょう》の生死に流転《るてん》する無畏依《むいえ》の第八の嬰童心《ようどうしん》と名づく」と。

(二)またいわく、「またつぎに、殊勝《しゅしょう》の行あり。かの所説の中に随つて殊勝に住して、解脱《げだつ》を求むる恵生《えしょう》ず。いわゆる常《じょう》・無常《むじょう》・空《くう》なり。かくのごときの説に随順《ずいじゅん》す。秘密主、かれ空と非空とを知解《ちげ》するにあらず。常《じょう》と断《だん》となり。非有非無倶にかれ分別を無分別とす。いかんが空を分別せん。諸法の空を知らざれば、かれよく涅槃《ねはん》を知るにあらず。この故に空を了知して断《だん》・常《じょう》を離るべしと。(解していわく、外道出要《しゅつよう》を願つて種種に身心を苦しむ。断常空有《だんじょうくうう》の教は、角を搆《しぼ》って乳を求むるがごとし。もし因縁の空を知らば、忽爾《そうじ》に解脱を得てん)。

(三)またいわく、「秘密主、世間の因果および業、もしは生、もしは滅、他主に繋属《けいぞく》して、空三昧生ず、これを世間の三昧道と名づく」と。

(四)またいわく、「もし諸天世間の真言法教の道、かくのごときの勤勇者《ごんゆうしゃ》、衆生を利せんがための故なり」と。

(一―一四四～一四六)

問　この「第三嬰童無畏心《ようどうむいしん》」は、どのような経典や論書によって解説《げせつ》しているのでしょうか。

答　『大日経』と『菩提心論』です。

問　その経典には、どのように説かれていますか。

答　次のように説かれています。

と問答が始まりますが、確かに『大日経』住心品と具縁品から引用の四つの証文と、『菩提心論』の引用文を読むと、「第三嬰童無畏心《ようどうむいしん》」の骨子が浮かびあがってきます。空海の実に巧みな文章力がうかがえます。ではまず、『大日経』住心品の最初の引用文です。

『大日経』住心品と具縁品から引用の四つの証文

（一）『大日経』住心品には、「秘密主よ、人が戒をまもって天に生ずるのは、第七の受用種子です。すなわち次の発芽を内在する種子の状態とでもいえないでしょうか。

また、秘密主よ、このような心で生死の世界を流転するとき、善友のところで次のように聞きました。これは天であり、大天であり、一切の楽を与えるもので、心をこめて供養を捧げれば一切の願いがみなかなうであろう。その神々とは、宇宙の創造神マヘーシュバラ（自在天《じざいてん》）、万有の根源神ブラフマン（梵天《ぼんてん》）、ヴィシュヌ神（那羅延天《ならえんてん》）、大自在天、太陽神スールヤ（日天《にってん》）、月の神（月天《がってん》）、蛇形の鬼神ナーガ（竜尊《りゅうそん》）、あるいは天仙、大ヴェーダ論師（大囲陀論師《だいいだろんし》）であり、それぞれあまねく供養しなければならないのです」と。「このような教えを聞いた彼は、心に喜びをいだき、丁重に礼拝し、心からしたがい、修行します。秘密主よ、これを愚童《ぐどう》・異生《いしょう》の生死に流転する愚かな者が、おそれなき拠り所とする第八の嬰童心と名づけたのです」と。

（二）また、「すぐれた行があります。かれらの教えにしたがって修行し、殊勝なる境界に住し、解脱を求める智慧が生じるのです。すなわち、天は常住《じょうじゅう》で、その他は無常《むじょう》であり、空《くう》であるという説です。秘密主よ、かれは空と非空とを理解したわけではないのです。それは常見《じょうけん》や断見《だんけん》におちいっているのです。空の立場からは、非有も、非無も倶に分別、無分別をこえているのです。よって、どのように真実の空を分別することができましょうか。諸法は空であるということを知らなくては、よく涅槃を知ることができないのです。よって、空を了知して断見・常見の二辺を離れるべきなのです」と解釈して、「外道（バラモンたち）は迷いを離れることを願って、さまざまな苦行をするのです。断・常の二辺や、空・有の二見の教えは、たとえば角をしぼって乳を求めるようなもので、因縁の空（すべては原因と条件のよって構成されているから、それゆえにすべては空である）を知れば、たちどころに解脱を得るでありましょう」と。

（三）また、「秘密主よ、世間の教えにおいては、因・果と業は生じたり滅したりするが、それらのすべては神我（創造主）によって創り出されたものですから、創造されたものすべてが空であると考える瞑想（空三昧）が生じるのです。それを世間の三昧道（瞑想の実践）と名づけるのです。

（四）また、「諸の神々の教えについて、真言の真理の教えの立場に立って説くのは、仏（勤勇者《ごんゆうしゃ》）が人びとを利益するために説かれたものであります」と。

竜猛菩薩の『菩提心論』からの引用

最後は、竜猛菩薩の『菩提心論』からの引用です。

「もろもろの外道等は、その身命を恋《おし》んで、あるいは助くるに薬物をもつてして仙宮の住寿を得、あるいはまた天に生ずるを究竟とおもえり。真言行人、彼等を観ずべし。業力もし尽きぬれば、未だ三界を離れず。煩悩なお存し宿殃《しゅくおう》未だ殄《ほろ》びず、悪念旋起《あくねんせんき》せん。かのときに当つて苦海に沈淪《ちんりん》して出離《しりつ》すべきこと難し、まさに知るべし、外道の法もまた幻・夢・陽焔に同じ」と。（一―一四六）

「もろもろの仏教以外の教えを奉ずる人びとは、自分の身命を惜しんで、薬物の助けをかりて、仙人の住む宮殿に住み長寿を得たいと願い、また天上界に生ずることを最終の目的としています。真言行の実践者は、彼らを観察すべきです。もしも善き行為の影響力《えいきょうりょく》が尽きてしまったならば、まだ迷界を離れていないで、煩悩がいまだ存在し、むかしの災いがまだ消えていないために、悪念が巻きおこってくるのです。そのときには、苦しみの海に沈み、そこから離れ出ることがむずかしいのです。よって、外道（仏教以外）の教えも幻・夢・陽焔と同じで実体のないものなのです」と。

例によって、次へのステップとして空海の聖語を取りあげます。『性霊集』巻第八の「三嶋大夫、亡息女のために法華経を書写し供養して講義する表白文」の一文です。

それ殑河《こうが》の女人（ガンジス河で子と共に溺れたという故事）は、子を愛するによつて天上に生じ、坐海《ざかい》の丈夫《じょうふ》（海で身を犠牲にして五〇〇の人びとを救ったという故事）は、慈悲を発《おこ》して大覚《だいかく》と成る。しかれば兼愛《けんあい》（自他の別なき愛）は受楽《じゅらく》の因、大悲は脱苦《だつく》の本なり。三世の如去《にょこ》はこれによつて成道し、十方の薩埵《さった》はこれを行じて滅を証す。因果相感《いんがあいかん》ずること、あたかも声響《しょうこう》のごとし。業縁唱和《ごうえんしょうわ》すること、還つて形と影とに均《ひと》し。生縁（人の生まれの時）聚《あつ》まるときは春苑の花をその咲《え》めるに譬《たと》うるに足らず。死業至るときは秋の林の葉を、何ぞその悲しみに喩《たと》うることを得む。一たび生じ、一たびは死して、人をして苦楽《くらく》の水《みず》に溺《おぼ》れしむ。たちまちに離れ、たちまちに没して許幾《いくとがかり》か人間の腸《はらわた》を絶つ。哀なるかなや、悲しいかなや。（三—三四〇）

生・死という相待世界に生きる人間の、どうしようもない苦しみを切実に詠嘆しております。

5. バラモン教と仏教

空海が「第三嬰童無畏心《ようどうむいしん》」で取りあげているバラモン（婆羅門）は、古代インドにおける四姓《しせい》制度（カースト制）の最上位の司祭階級です。この司祭・僧侶階級を中心として、バラモン教が成立しました。祭式を重視し、梵（ブラフマン）と我（アートマン）の統一を探求し、新たに業・輪廻・解脱思想や、出家主義・苦行・ヨーガの実践を生み出すなど、インド文化の源流となりました。

バラモン教の伝統のうえに立ち、土俗信仰などを吸収して、のちに成立したのがヒンドゥ教で、現代でもカースト制を保ち、四億人以上の信者を擁する一大民族宗教となりました。インド人にとってバラモン教〜ヒンドゥ教がインド文化の正統といえます。

これに対し仏教は四姓平等や女人成仏を説くなど、インド文化の伝統のなかでは非正統の立場にあります。その後、インドからアジア各地に伝播し、世界三大宗教の一つに数えられるように発展しますが、インドでは密教興隆ののち、一〇世紀ごろからイスラム軍が侵入し、一三世紀初頭に仏教寺院が破壊され、仏教は衰滅に向かいました。仏教発祥の地インドでは現在、仏教は極めて少数派です。

空海は「天上界に生まれることを願う者は、あたかも母親に抱かれる赤子のようで、一時しのぎの安らぎにすぎない」としながらも、バラモンの教えなど、仏教以外の教義を頭から否定せずに、その教えの欠点を指摘し、根気よく導いていきます。（W）

6　第四　唯蘊無我心《ゆいうんむがしん》――すべての存在は五要素のみであるとする心

仏教以外の宗教

いよいよ第四住心からは出世間心、すなわち、仏教に入ることになります。そして、仏教以外の宗教の教えに対して仏教の特質を述べようとしています。

そこで空海は、「なまくら刀には名刀の切れ味はありませんし、土で作った竜には飛竜のような偉大な能力はありません。瓦石《かわらいし》と本物の宝玉とを混同したり、同じ璞《ばく》という名前から砿石と干鼠（ひぼしのねずみ）を同一視するなど、名前と物とが混同することは、昔からよくあることです」など、巧みな表現で次のように説いています。

もしそれ鉛刀《えんとう》、ついに鏌耶《ばくや》が績《わざ》なし、泥蛇《でいじゃ》あに応竜《おうりゅう》の能《のう》あらんや。燕石珠《えんじゃくしゅ》に濫《らん》じ、璞鼠《ばくそ》名渉《なわた》る。名実相濫することと由来尚《ひさ》し。しかればすなわち勝数《しょうす》が諦《たい》の名、梵延《ぼんえん》が仏の号、長爪《ちょうそ》が実相《じっそう》、犢子《とくし》が絶言《ぜつごん》、いたずらに解脱《げだつ》の智《ち》を労《ろう》して、未だ涅槃《ねはん》の因を知らず。（一―一四六）

ここでの「鉛刀《えんとう》」も「泥蛇《でいじゃ》」も、第三住心までの世俗的な智慧を指しています。「鏌耶《ばくや》」は中国春秋時代の干《かん》将《しょう》が作った名剣で、「泥蛇《でいじゃ》」は祈雨の時に使う土竜で、「応竜《おうりゅう》」は飛行自在な力を持つ竜のことです。よって、本物と偽物とは違うという意味で、第三住心までの世俗的な智慧は、なまくら刀や土で作った竜に等しく、本物の智慧ではなくて、この「第四唯蘊《ゆいうん》無《む》我《が》心《しん》」が本物の智慧ですと示しているわけです。

おなじように、「燕石《えんじゃく》」は瓦石と宝石のことで、人はその同じ珠石のかたちに迷います。「璞鼠《ばくそ》」とは、中国の故事《こじ》で、鄭《てい》の人は砥石を璞《ばく》とよび、周《しゅう》の人は干鼠（ひぼしのねずみ）を同じく璞といいます。実際のものが相違しても、名前が同じということも、よくあることです。そうしたことは、思想・宗教の世界でもありうることです。

「勝数《しょうす》」とは、インドの哲学派の名で、勝論（ヴァイシェーシカ学派）と数論《すろん》（サーンキャ学派）のことです。六諦説や二十五諦説を主張しております。共に「諦」を主張していますが、仏教の四諦説とはまったく相違しています。また、「梵延《ぼんえん》」とは、梵天と那羅延天《ならえんてん》のことで、共に「目覚めた者」としてそれらを覚宝としていますが、仏教の覚宝である仏陀とはまったく異なるものです。さらに「長爪《ちょうそ》外道」は、一切不受をもって諸法の実相とし、「犢子《とくし》外道」は人我の不可説絶言をうたっておりますが、これらはいずれも解脱への智慧を求めることにこだわっていて、いまだに涅槃への本当の道を知らないでいるのです。

声聞乗の教えの概要と修行の様相

次に、声聞乗の人びとの教えの概要と修行の様相が述べられます。「仏が羊車《ようしゃ》の譬喩《ひゆ》を用いて、三途《さんず》の極苦《ごくく》から抜け出し、四苦八苦の束縛から離れることが声聞乗の目的です」として、声聞乗の教えの概要を次のように説きます。

この故に大覚世尊、この羊車《ようしゃ》を説いて三途《さんず》の極苦《ごくく》を抜出《ばっしゅつ》し、八苦《はっく》の業縛《ごうばく》を解脱《げだつ》したもう。その教たらく、三《さん》蔵《ぞう》ひろく張《は》り、四諦《したい》あまねく観《かん》ず。三十七品《さんじゅうしちぼん》は道の助けたり。四向四果《しこうしか》はすなわち人の位《くらい》なり。識をいえばただし六にして七・八なし。成を告ぐるは三生・六十劫《こう》、非を防ぐはすなわち二百五十、善を修するはすなわち四念八背《しねんはっぱい》なり、半月に罪を説いて持犯立ちどころに顕われ、一夏意に随って凡聖たちまちに別る。禿頭割衣《とくづかつえ》し、鉄杖鋼盂《てつじょうこうう》あり。行くときんば安徐《あんじょ》にして蟲を護り、座するときんば低頭《ていとう》して、息《いき》を数う。これすなわち身の標儀《ひょうぎ》なり。殺をいい、収《しゅう》をいうにすなわち知浄《ちじょう》の語《ことば》あり。行雲廻雪《こううんかいせつ》にはすなわち死尸《しし》の想いあり。これすなわち心口の灰屑《けせつ》なり。塚間《ちょうかん》に目を閉ぢ、白骨に心を在《お》く。聚楽《じゅらく》に分衛《ぶんえい》して、麁飯《そぼん》想《おも》いを吐く。樹葉に雨を遮す、誰か堊室《あしつ》を願わん。糞掃《ふんぞう》風を防ぐ、何ぞ必ずしも紈綺《がんき》ならん。

（一―一四七、一四八）

声聞乗を羊車《ようしゃ》とすることは、『法華経』譬喩品《ひゆほん》の三界火宅の喩が出典です。羊車《ようしゃ》、鹿車《ろくしゃ》、牛車《ごしゃ》の三種を用意して、火災が発生している家の中で遊ぶ子供たちを救け出すという比喩です。羊車が声聞乗であるのにたいして、鹿車は縁覚乗を、牛車は菩薩乗を指しています。

すなわち、大覚世尊は、衆生が三途（地獄・餓鬼・畜生）の極苦から抜け出し、八苦の束縛を離れることを説いているのです。八苦とは、生・老・病・死の四苦と、愛する者と別離する苦しみ（愛別離苦《あいべつりく》）・怨み憎む者に会う苦しみ（怨憎会苦《おんぞうえく》）・求めるものが得られない苦しみ（求不得苦《ぐふとくく》）・五蘊から生ずる苦しみ（五蘊盛苦《ごうんじょうく》）のことです。その八苦の束縛を離れることが声聞乗の目的です。

そのための教えは、三蔵（経・律・論）を広く学び、苦・集・滅・道の四正諦をあまねく観じ、三十七道品（四念住・四正断・四神足・五根・五力・七覚支・八正道）の修行方法を実践することです。これらの教えこそ涅槃におもむくための助けとなるのです。四向四果とは、四つの修行の目標と到達した境界です。これらを説いて人の階位としているのです。また、声聞乗の人びとは、眼・耳・鼻・舌・身・意の六識を説いても、六識の先にある第七末那識《まなしき》や第八阿頼耶識《あらやしき》を説いてはいません。そして、涅槃を得るには、利根の者で三生《さんしょう》を、鈍根のものは六十劫の長い時間が必要と説いています。これが声聞乗の教えの概要です。

次に、修行の実際について説きます。まず二五〇を数える戒律をまもり、さらに「四念八背《しねんはっぱい》」、すなわち修行をするために「身は不浄であり、受は苦であり、心は無常であり、法は無我である」と観じて、とらわれを離れ、貪欲を捨てるための八種の内観を修します。そして、毎月一五日と晦日に犯した罪過を懺悔するかしないかで、凡夫と聖者の差別があらわれるのです。髪を剃り、衣を染め、手に鉄鉢と錫杖とを持し、行動するときは静かに虫を殺さないように、坐るときは頭を低くたれ、数息観を修するのです。これが身体の動きについてであり、言葉については、殺生や、財宝を受けるようなやむをえない場合には清浄の言葉を使い、美しい女性を見ては死尸《しかばね》を想い浮かべるのです。これらが心と口の業を清浄にすることです。

また、墓地に行ったなら目を閉じて白骨を心中に想念し、村落に乞食行《こつじきぎょう》をするときはそまつな食物にも満足し、樹葉で雨をしのぐのですから、どうして立派な家を願うことがありましょうか。そして糞掃衣《ふんぞうえ》で寒さをしのいでいるのですから、どうして立派な着物を求めることがありましょうか、とあります。

声聞乗のさとりの世界

次に、声聞乗のさとりの世界がどのようなものであるかを説きます。それは、「人の存在は空であるという禅定（精神統一）によって、自我は幻や陽炎のようなものであると知り、一切の迷いを断じて四諦の真理を知る尽智《じんち》と、尽智《じんち》ののちに起きる迷いのない無生智《むしょうち》を得るので、煩悩によって生じるとされる来世の生を絶つことができます」として、声聞乗の悟りの世界を述べます。

生空三昧に神我の幻陽《げんよう》を知り、無生尽智《むしょうじんち》に煩悩の後有《ごう》を断ず。その通《つう》はすなわち日月を虧蔽《きへい》し、天地を顛覆《てんぷく》す。目には三世を徹し、身には十八を現ず。石壁無礙《せきへきむげ》にして虚空《こくう》によく飛《と》ぶ。その徳はすなわち輪王頂接《りんのうちょうしょう》し、釈梵帰依《しゃくぼん》し、八部供承《はちぶくしょう》し、四衆欽仰《きんがう》す。ついにすなわち五蘊《ごうん》の泡露《ほうろ》を厭《いと》うて、三途《さんず》の塗炭《とたん》を悪《にく》み、等持《とうじ》の清涼を欣《ねご》うて、廓大虚《かくたいこ》に同じ、湛然《たんねん》として無為《むい》なり。何ぞそれ楽なるや。身智の灰滅《けめつ》を尚ぶ。乗の趣きたること大体かくのごとし。（一―一四八）

すなわち、人は本来空であり、無我であるという生空三昧によって、神我が幻陽であることを知り、一切の煩悩を尽くして四諦の真実を知り、それ以上の真実はないとして、煩悩によって再び迷界に輪廻することを断ずるのです。そして神通力によって日月をかくし、天地をくつがえし、過去・現在・未来の三世を見通し、身に一八もの神変をあらわし、石の壁を自由に通過し、虚空も自在に飛ぶことができるのです。

その徳は高くて転輪聖王も頂礼し、帝釈天や梵天も帰依し、八部衆も供養をささげ、比丘・比丘尼・優婆塞《うばそく》・優婆夷《うばい》すらも敬礼するのです。そして、ついに五蘊の仮和合《けわごう》にすぎない泡露《ほうろ》を厭い、地獄・餓鬼・畜生の三途の世界の苦しみをにくみ、清々しい瞑想を求めて、大虚空と同じく湛然にして無為であるというのです。どうして楽しくないことがありましょうや、身と心とが全て滅して、寂静なる涅槃を願わないことはないのです。

これが、声聞乗の教えの概要です。次に「唯蘊無我心《ゆいうんむがしん》」の名称の由来が述べられます。

法を存するが故に唯蘊《ゆいうん》なり。人を遮するが故に無我《むが》なり。簡持《けんじ》を義とするが故に唯《ゆい》なり。（一―一四八）

すなわち、五蘊の法のみが存在すると教えるから唯蘊であり、人我は空であると否定して、無我とするのです。「唯」とは、選び取り固く保持する意から、唯蘊というのです、と説きます。

詩文による「唯蘊無我心」のまとめ

このあと、十四問答という長文の問答が登場し、問答は憂国の公子と玄関法師によって展開します。この十四問答は広本の『十住心論』には存在せず、略本の『秘蔵宝鑰』で新たに説かれたものです。宗教と社会に関するテーマが種々に問答されますが、のちに取り上げることにして、ここでは詩文による「第四唯蘊無我心」のまとめを紹介します。上段に原文の書き下し文を、下段に口語訳を示します。

建立《こんりゅう》と無浄《むじょう》と
深《ふか》しといえども、未だ煩《はん》を断《だん》ぜず
空しく内外の我を談じて
生死の樊《はん》に輪転《りんてん》す。
大聖、羊乗を開きたもう
修観《しゅうかん》すれば涅槃《ねはん》を得。

建立《こんりゅう》外道や不建立《こんりゅう》外道が説く無浄《むじょう》の教えは
深《ふか》いけれども、いまだ煩悩を断《だん》つことができず
空しく内の我や、外の我を談じて
生死の囲いのなかを廻っているのです。
世尊は、羊乗《ようじょう》である声聞の教えを説かれた
修行し、観想すればさとりが得られます。

五停《ごじょう》、四念処《しねんじゅ》を
六十・三生に観ず。
二百五十の戒
これを持すれば八難《はちなん》を離る。
人空無漏《にんくうむろ》の火
智を滅して身心を殫《つく》す。
たまたま如来の警《いましめ》に遇《あ》いぬれば
菩薩の寛《かん》に廻心《えしん》す。

五停心観《ごじょうしんかん》や、四念処観《しねんじゅかん》を
六十劫、または三生にわたって観想し、
二五〇戒を
守り通せば八難処《はちなんしょ》をのがれられます。
人《にん》は空《くう》なりとみる無煩悩《むぼんのう》の火は
邪智を滅ぼして、身心を尽くします。
たまたま如来のよびさましに遇《あ》えば
菩薩の広大な自利利他の世界に心を廻らします。
（一―一六六）

「第四唯蘊無我心」の典拠は『大日経』と『菩提心論』

この「第四唯蘊無我心」の典拠は『大日経』と『菩提心論』です。

「三十種外道のうちで、建立《こんりゅう》の常見《じょうけん》外道と、不建立《ふこんりゅう》の断見《だんけん》外道の見解《けんかい》は、深いものがありますが、いまだ煩悩を断じていないのです。ただ空《むな》しく内の我や、外の我について論ずるのみで、生死の相待からぬけ出ることができないでいるのです。大覚世尊はここに声聞乗の教えを開かれました。修行し観想すれば涅槃《ねはん》を得ることができます。五停心観《ごじょうしんかん》や四念処観《しねんじょかん》という修行を、六十劫または三生にわたって行い、二五〇もの戒律を固く守れば、正法を聞くことのできないという八難処《はちなんしょ》を離れることができます。人空無漏《じんくうむろ》の火によって灰身滅智《けしんめっち》のさとりに至れば、偶然にも如来のよびさましにあい、自利利他《じりりた》のゆたかな菩薩の境界に心を廻らすことができるのです」

とまとめております。そして、『大日経』から三つの証文を明示します。

経にいわく、いわくかくのごとく唯蘊無我《ゆいうんむが》を解《げ》して根境界《こんぎょうかい》に淹留修行《えんるしゅぎょう》すと。

またいわく、声聞衆は有縁地《うえんち》に住して生滅《しょうめつ》を識《し》り、二辺《にへん》を除《のぞ》いて極観察智《ごんかいさっち》をもて不随順修行《ふずいじゅんしゅぎょう》の因を得。これを声聞の三昧道《さんまいどう》と名づくと。

またいわく、もし声聞所説の真言は、一一の句安布《あんぷ》せりと。

（一―一六七）

最初の証文（『大日経』巻一、住心品）では、「五蘊仮和合の法のみがあるとするならば、固定的な自我は存在せず、能力・感覚器官である六根《ろくこん》（眼・耳・鼻・舌・身・意）と、六根《ろくこん》の感覚・認識作用の対象となる六境《ろくきょう》（色・声・香・味・触・法）と、六境《ろくきょう》を明確に区別して認識する六識《ろくしき》（眼識・耳識・鼻識・舌識・身識・意識）とが和合《わごう》した感覚《かんかく》の世界で修行しているだけである」としています。

次の証文（『大日経』巻二、具縁品第二）では、「声聞乗はよって立つ教えの境地にいて、生と滅を知り、常見《じょうけん》と断見《だんけん》との二つのあやまった見解を離れて、真実を見極める智慧をもって、生死に束縛《そくばく》されない修行の因を得ることができます。それが声聞乗の三昧道《さんまいどう》と名づけられるものです」と説きます。

三つ目の証文（『大日経』巻二、具縁品第二）では、声聞が説く真言は、深い意味を表現できないから多くの句をもってしても、一つの意味しかあらわすことができないのです」と述べています。

そして、『菩提心論』からの証文は、次の第五住心の内容と共通するものがありますので、ここでは掲載せずに第五住心のところで取りあげます」としております。

十四問答

ここで、先に後回しとした「十四問答」について述べます。

『秘蔵宝鑰』の第一住心から第三住心までが世間心の段階で、第四住心から第十住心までが出世間心、すなわち仏教の教えが次第に深まっていく様子を示しています。問答は世間心を代表する優国公子と、出世間心を代表する玄関法師とで行われます。両者の激突は、まさしく空海が生きた平安初期の社会と仏教との関係の縮図であるにちがいありません。

以下長文にわたりますので、その要旨のみをまとめてみることにしましょう。質問者が憂国の公子、答えるのが玄関法師です。

第一問答（仏教者への批判）

問　僧尼を礼拝し、頼みとするところは、国家を守り、人々の利益と救済とを願うためです。古来より聖帝や賢臣たちは多くの堂塔を建立し、修行僧を安住させ、広大な土地を寄進しました。しかし、今の僧尼は、頭を剃《そ》っても欲を剃らず、衣を染めても心を染めていません。戒・定・慧の三学はまことに乏しく、仏道に反していることのみが多いのです。日夜に営々として権力者にへつらい、みやげものを持って屈しているありさまです。これによって釈尊の教えは衰え、仏教は廃《すた》れかけています。自然界に異変がおこり、悪い病が流行し、国が乱れ、公私の人びとが苦しむのは、みな僧尼の堕落によるものです。すべての出家を禁止し、供養しないようにしたらどうでしょう。もしも、真の僧尼がいるのであれば、身をもって礼拝し、国家の財を傾けても供養すべきでありましょう。

答　人びとは自分の尺度でしか物事を見ることができないのです。世の中には善と悪とがあり、人にも賢者と愚者がおります。仏教でも、真の聖者となるためには厳しい修行をしなければならず、世に出ることは極めてまれです。だからといって、仏教を否定することはできません。

第二問答（**時代と人について**）

問　真の聖者に遇いがたいことは了解しました。しかし、それにしても、持戒・智慧のすぐれた僧尼のうわさがまったく聞こえてきませんが。

答　それは時代の問題でしょう。仏教には正法《しょうぼう》一千年、像法《ぞうほう》一千年、末法《まっぽう》一万年の説があり、まさしく今は、その末法の濁悪《じょくあく》なる時代なのです。そしてそこに生きる人びとも劣っているのです。

第三問答（**悪世に人はいないのか**）

問　時代と人とが劣っているということですが、まさしくこのような時代に、本当の仏教者が出てこないのでしょうか。

答　自然界を見ても、人間界を見ても、善いことと悪いことがあります。よって、時代が悪いからといって、真の宗教者が出てこないわけではありません。

第四問答（**隠れている**）

問　悪い時代でも真の宗教者がいるということがわかりました。しかし、いったいどこにそのような人がいるのでしょうか。

答　すぐれた人物は、和光同塵《わこうどうじん》といって、智慧ある人がその知の光をやわらげて隠し、塵（俗世間）のなかにまぎれているために、見つけにくいのと同じです。

第五問答（見つけにくいもの）

問　和光同塵ということはわかりました。しかし、すぐれた人物は知られないことはないでしょう。

答　物には心がないから自《おの》ずとその相《すがた》を現すのです。しかし、人には心がありますから、自《みずか》ら隠してしまうのです。

第六問答（佛教者と在家者とについて）

問　すでに聖人や賢者の存在は、大変に見分けにくいということをお聞きしました。しかし、仏教という名のもとに国費を浪費し、宗教者はそれを食い尽くしています。仏法、そして宗教者の存在理由は、いったいどこにあるのでしょうか。

答　貴方はただ仏法の流伝を考えずに、国家の損得を憂えているだけではないのですか。そもそも国を建て人びとを治めるということは、天下を平定《へいてい》して君主に供し、他国を侵略して臣下に給与するのではありません。それは天下の父母と共にすべての人びとの苦しみを救うことです。馬を御《ぎょ》するにはくつわとむちが必ず必要であるように、中国の五種の聖典（『易経』・『詩経』・『書経』・『春秋』・『礼記』）や三種の史書（『史記』・『漢書』・『続漢書』）には、人の歩むべき正しい路が示され、多くの律令によって、人の生活のよこしまな逸脱《いつだつ》を注意しております。もし、天子がこれを行えば、天下泰平となり、万民がこの道にしたがえば、国内が無事となりましょう。そうすれば、君臣、父子の間に礼の秩序があり、上和《かみわ》し、下睦《しもむつ》み円満となりましょう。しかし、世の中の人びとがこれらの書物を読むけれども、はたして孔子の誡にかない、周公の勧《すす》めにあうものがいるのでありましょうか。よく誦し、よく言うことだけであれば鸚鵡《おうむ》でもよくすることです。さらに、言って行ずることがなければ猩猩《しょうじょう》（さる）と、どこに相違があるのでしょうか。

かつて自分が法教にそむいていることを反省することなく、かえって他人が経法に違犯していることを批判しているのは、おのれの膿《う》んだ脚をかくして、他人の腫《は》れた足を言いたてているようなものです。

諸寺の領地は一万戸にも及ばず、僧尼の食物はわずか一鉢にすぎません。経を読み、仏を礼して、国家の恩を報じ、観念坐禅《かんねんざぜん》して、四恩《しおん》（父母・衆生・国王・三宝〈仏教〉）の徳に感謝しています。今、世俗の人びとの衣食はぜいたくであり、官僚にいたっては多くの国費を使っています。僧尼の一鉢の食べ物を責めるのではなく、官僚たちの浪費をもっと調べるべきではないのですか。

第七問答（官吏の仕事と僧尼の勤行）

問　官吏の俸禄は官位にしたがうものです。僧尼は仏を礼し、経を読むことに意をまかせております。はたして一巻の般若経をよみ、一仏の名号を礼することで、国家の恩を報じ、四恩の広徳に答えることになるのでしょうか。

答　一句の妙法に遇い、一仏の名号を聞くことは、まったく得難いのです。昔より仏教を求めて身命を投げうった者たちも多くいるのです。一仏の名号を誦して無量の重罪を消し、一字の真言を讃嘆して無辺の功徳をうる法が、どうして四恩に報いないことがありましょうか。

第八問答（五経の文と三蔵の字）

問　私も五経・三史の文を誦し、孔子の像を礼しています。仏教の経典を読誦し、仏を礼することと、どのような相違があるのでしょうか。

答　たとえば、勅詔《ちょくしょう》の官符と臣下の手紙のようなものです。文字が同じであっても、その効用《こうよう》が相違するのです。経法は天子の勅詔のようなものです。儒教などの典籍は手紙です。よって、儒教の典籍《てんせき》を読むことによって罪を消し、災《わざわい》を抜《ぬ》くことはありません。

第九問答（釈迦と孔子・老子）

問　釈迦は弁舌さわやかに功徳を説きましたが、孔子は自らほこることはありませんでした。

答　そうではありません。孔子はみずから釈迦を西方の聖者とたたえ、老子もまた釈迦をわが師とあおいでいます。釈迦はいつわりの言葉を使いません。非難すれば深い穴に堕ちてしまうでしょう。

第十問答（仏教をそしることの罪）

問　十悪や五逆《ごぎゃく》をなすものは地獄に堕することは道理としてわかります。しかし、人を非難し、法を批判することで、どうして悪い報《むく》いを受けるのでしょうか。

答　病気の治療には、医者・処方・薬の三つが必要です。病人が医者を敬い、処方を信じ、薬をしっかりと服用すれば病気は治ります。如来が人びとの心病をなおすこともまったく同じです。仏は医王、教えは処方、薬は妙理のごとくです。道理に即して思惟するのは、薬を服するのと同じです。法によって薬を服すれば、罪を滅して楽を得るごとくであり、今、重罪の人が、人をそしり、法をそしっています。その重罪をどのようにしてのがれることができるでしょうか。「法は人によって弘まり、人は法を待って昇る。人法一体にして別異なることを得ず」です。よって、人を非難するのは法です。法をそしるのは人です。人を非難し法をそしれば、地獄に堕してもはやそこから出ることができません。よって一言一語も、人法をそしってはいけないのです。盗みをする人は衣食を得ることができますが、人法をそしる人に何の利益《りやく》もないのです。

第十一問答（教理の浅い深い）

問　では人法に幾種あるのですか。

答　仏には一には顕教の法、二には密教の法。また、顕教には一乗・三乗があり、密教は法身大日如来が説かれた法のことです。これらの法は、それを受け取る人びとの能力に応じて、それぞれに説かれたものです。

第十二問答（仏法をそしること）

問　仏教において論や注釈をする場合、仏教の他説を批判することになるわけですが、それは仏法をそしることにならないのでしょうか。

答　菩薩の用心は慈悲心をもととして、他の人びとを救うことにあります。よって浅い教えにとらわれている人を批判し、深い教えに入らせることが利益がもっとも広いのです。名誉欲にかられて浅い教えに執着して深い教えを批判するならば、それは罪となるのです。

第十三問答（仏教と国家の問題）

（1）仏教と王法

問　今、世間を見ると、国家への義務から逃れるために出家したり、僧尼が犯罪をおかしたりしている者が多いのですが、それを見逃すわけにはいきません。すなわち、仏教と王法とが調和するのにはどうしたらよいのでしょうか。

答　人王の法律と法帝の禁戒とは、形は相違していますが、意味は融合《ゆごう》しているのです。法によって世をおさめれば利益は多く、法をまげて心にしたがえば罪報は重いのです。

（2）僧尼は国難を招くのか。そして、仏教の社会的な効用は

問　ひでりや洪水、はやり病や反乱がおこる原因に、僧尼の存在がかかわっているのではないのですか。

答　災いがおこるのには、一に時運《じうん》、二に天罰《てんばつ》、三に業感《ごうかん》があります。詳しくは『五行史《ごぎょうし》』・『守護経《しゅごきょう》』・『王法正論経《おうほうしょうろんきょう》』などに説いてあります。病気がなければ薬はないし、障《さわり》があるときに教えがあるのです。よって、聖人がこの世にあらわれることは必ず慈悲によるものです。大慈は楽を与え、大悲は苦を抜くと説きます。仏教を実践する者には、一に出家、二に在家の二種があります。出家とは頭を剃り、衣を染める比丘・比丘尼のことです。在家とは在俗の仏教信者のことです。「仏教すでに存せり、弘行人に在り」といわれるわけですが、僧尼があるから仏法が絶えないのであり、仏法が存するから人はみな正道を行ずるのです。

第十四問答（非法の僧尼の存在）

問　法を知り、道を弘める僧尼に、その利益があることは知り得ましたが、しかし、実際には仏法にそむいている人びとが多いのは、どうしてでありましょうか。

答　孔子の門徒はその数三〇〇〇人を数えますが、達者は七〇人ほどです。釈迦の弟子は無量無数ですが、その中には非法な弟子たちも多いのです。如来のおられたときでも、純真なものばかりではありませんでした。それが末代の僧尼なのですから、なおさらでありましょう。しかし、如来の慈悲は三界の父のごとくです。人びとは無知ではありません。よって「毒を変じて薬となし、鉄を化して金となす」ごとく、時の運や君主の徳のいかんにかかわっているのではないでしょうか。

以上、十四問答について要略しました。取りあげられているテーマは、現代社会にも通ずるもので、深刻であります。登場する憂国の公子とは、実在の人物でしょうか。また、この問答は実際にあったものの記録なのでしょうか。実に興味深い内容で、少なくとも空海が生きた時代のある側面を確実に示していると考えられましょう。このことにつきましては、別の機会に、改めて強い光をあてて考えてみたいと思っております。

四恩思徳は空海の重要なテーマの一つ

例によって、次へのステップとして空海の聖語を取りあげます。『性霊集』巻第八の「仏経《ぶっきょう》を講演《こうえん》して四恩《しおん》の徳《とく》を報《ほう》ずる表白《ひょうはく》」です。

衆生、我々において何の恩徳《おんとく》かある。吾はこれ無始《むし》よりこのかた四生《ししょう》（生きとし生けるもの）六道《ろくどう》の中に父たり、子たり。いずれの生をか受けざらん。いずれの趣《しゅ》（世界）にか生ぜざる。もし恵眼《えげん》をもってこれを観ずれば、一切衆生はみなこれ我が親なり。この故に経にいわく、「一切の男子《なんし》はこれ我が父、一切の女人はこれ我が母、一切衆生はみなこれ吾が二親師君なり」。このゆえに衆生の恩須《すべか》らく報酬すべし。

（三―三四六）

ここに引用されております経典は、『大乗本生心地観経《だいじょうほんしょうしんちかんぎょう》』報恩品《ほうおんぼん》です。四恩思徳は空海の重要なテーマの一つです。特にこの文は衆生の恩についての一文です。

6. 王法と仏法と四恩

仏教は、世襲バラモンの権威を否定し、四姓《しせい》制度（カースト制）の階層にかかわらず、各人の修行により解脱を得られると、絶対平等の立場を説きます。四恩についても『正法念処経』では「①母、②父、③如来、④説法法師」を説き、国王は入っておりません。

インドでも中国でも、この「王法と仏法」は大きな問題でした。特に中国では皇帝の権威を否定しかねないものとして問題視されました。そうしたとき、唐の元和六年（八一一）に漢訳されたのが、「①父母、②衆生、③国王、④三宝」の四恩を説く『大乗本生心地観経』です。訳出後は「王法と仏法」の難問を見事に解決する経典として、中国および日本で重用されました。日本に請来されたのは天長三年（八二六）とされています。空海は四恩思徳を重要テーマの一つとして、『大乗本生心地観経』の「四恩の教え」をたびたび引用しています。（W）

7　第五　抜業因種心《ばつごういんじゅしん》——迷いの種子を引き抜こうとする心

「第五抜業因種心《ばつごういんじゅしん》」は仏教の縁覚乗《えんがくじょう》

まず「第五抜業因種心《ばつごういんじゅしん》」の大綱が説かれます。この第四住心に登場するのは仏教の縁覚乗《えんがくじょう》で、その教えの基本が述べられます。

抜業因種心《ばつごういんじゅしん》とは麟角《りんかく》の所証《しょしょう》、部行《ぶぎょう》の所行《しょぎょう》なり。因縁を十二に観じ　生死を四・五に厭《いと》う。かの華葉《かよう》を見て、四相の無常を覚り、この林落《りんらく》に住して、三昧《さんまい》を無言に証す。業悩《ごうのう》の株杌《ちゅうこつ》これによって抜き、無明《むみょう》の種子《しゅうじ》これによって断ず。（一—一六八）

まず抜業因種心《ばつごういんじゅしん》（縁覚乗）に、「麟角《りんかく》」（麟覚《りんかく》）と「部行《ぶぎょう》」の二種があることを示します。麒麟《きりん》（キリン）は、一角をそなえているので麟角《りんかく》といいます。本来は縁覚とか独覚とか漢訳され、ひとりで修行してさとるもののことです。もう一つの「部行」とは、仲間とともに止住して、禅定を修してさとるものたちです。

さて、「因縁を十二に観じ、生死を四・五を厭う」とありますのは、これら縁覚乗の修行者は十二因縁を観想し、四大と五蘊を厭《いと》う、の意です。十二因縁は俗世間の生存の苦を、無明から老死まで一二段階に分けたもので、「無明→行→識→名色→六処→触→受→愛→取→有→生→老死」の順に進むものです。すなわち、人は誰でも老死という苦に直面します。その老死の苦をもたらす根本が無明です。「一切皆苦」と言いますように、仏教は苦を出発点としています。仏教の大命題はまさしく苦の克服です。よって老死がもたらす苦からの解放こそが、十二因縁観の課題なのです。禅定を深めて悟りの智慧を獲得し、その智慧によって根本無明を解消するのです。

また「四大」は地・水・火・風のことで、一切の物質を構成する四つの元素です。「五蘊」は色・受・想・行・識のことで、色は物質や身体であり、他の四つは精神・心に関するものです。具体的には、受は感覚、想は表象、行は意志、識は知識であり、私たちを存在たらしめている五つの構成要素といってよいでしょう。そして、五つの構成要素は仮に和合（結合）しているだけであり、和合（結合）がなくなれば、やがてばらばらになってゆくものです。

「第五抜業因種心」の名前の由来と悟りの境界

そのことを空海は、

「彼の華葉《けよう》を見て、四相の無常を覚り、この林落に住して、三昧を無言に証す」

と説きます。口語訳しますと、

「花が飛び、葉が落ちるのを見ては、すべては生じ、存在し、変化し、消滅するという、四つの相《すがた》をしており、それゆえに無常であることを覚り、あるいは山林や林落に住して、無言のなかに深い禅定を証するのである」

となりましょう。

そして、その結果として、「悪業や煩悩の強い根を抜きさり、無明の種子《たね》をも断じてしまうのです」として、

業悩《ごうのう》の株杌《ちゅうこつ》此れに猶《よっ》て抜き、無明の種子之《これ》に因《よ》つて断ず　（一―一六八）

と示します。この文の中に、「第五抜業因種心」の「抜・業・因・種」の文字を見つけることができ、第五住心の名前の由来が理解できます。

さらに、その縁覚乗の悟りの境界を、「静かな場所で、師から授《さず》かることなく自《みずか》ら戒を身につけ、修行道の体系である三十七道品を、他に教えられずにさとります」として、次のように説きます。

湛寂《たんじゃく》の潭《ふち》に遊泳《ゆうえい》し、無為《むい》の宮に優遊《ゆうゆう》す。自然《じねん》の尸羅《しいら》、授かること無くして具し、無師《むし》の智慧《ちえ》、自我《じが》にして獲《う》る。三十七品は他に由《よ》らずして悟り、蘊《うん》・処《じょ》・界善《かいぜん》は藍《あい》を待たずして色あり。　（一―一六八）

「湛寂《たんじゃく》の潭《ふち》に遊泳《ゆうえい》し、無為《むい》の宮に優遊《ゆうゆう》す」とは、静けさのふちに泳ぎ、変化をこえたやすらぎの宮であそぶことです。

「自然《じねん》の尸羅《しいら》、授かること無くして具し」とは、師から授かることなく自然の尸羅（戒）が身につくことです。

「無師《むし》の智慧《ちえ》、自我《じが》にして獲《う》る」とは、修行道の広く深い体系である三十七道品を、他人に教えられることなくさとる、の意です。

「蘊・処・界」とは、五蘊・十二処・十八界のことで、「五蘊」は色・受・想・行・識という、人間を構成する五つの要素で、「十二処」は眼・耳・鼻・舌・身・意の六根と、それに対応する色・声・香・味・触・法（考えられるもの）の六境です。「十八界」は、十二処に眼識・耳識・鼻識・舌識・身識・意識の識別作用を加えたもの、すなわち、根・境・識の三事が和合したものです。

「藍《あい》を待たずして色あり」とは、師の教えを待つことなく独覚すること、すなわち、十八界の法を自《みずか》ら知るところとなる、ということです。

さらに、抜業因種心の限界については、「この心の立場の人は、神通変化の力によって人びとを救済しますが、言語を用いません。大悲心が欠けているので救済の方便（手段）をそなえておらず、自分一人だけ苦を克服して、寂滅の境界を得るのです」として、次のように説きます。

身通《しんつう》をもつて人を度《ど》し言語を用いず。大悲闕《か》けてなければ方便具《ほうべんぐ》せず、ただし自ら苦を尽して寂滅《じゃくめつ》を証得す。

（一―一六八）

次に、『大日経』の住心品と入曼荼羅具縁品から、二つの引用文があげられておりますが、後出の文章と重複しておりますので、ここでは取り上げずに後述します。

十二因縁観について『守護国界主陀羅尼経』を引用

ここまで述べましたように、「第五抜業因種心」すなわち縁覚乗では、十二因縁観が中心に説かれます。空海は、抜業因種心、すなわち縁覚乗の内容である十二因縁観について、『守護国界主陀羅尼経』巻五、入如来不思議甚深事業品を引用し、トータルに説明しています。そして、如来は静慮《じょうりょ》・解脱《げだつ》・等持《とうじ》・等至《とうし》、すなわち禅定（心を集中し安定させること）によって煩悩を伏滅し、煩悩を生起させる因縁を実のごとくに知っています、と述べ、衆生に煩悩が起きる直接的な原因と、間接的な条件を良く知り、また煩悩を取り除く直接的な原因と、間接的な条件も知っていると説いています。

釈して云く、謂《いわ》く、十二因縁とは『守護国経《しゅごこっきょう》』に云く、「またつぎに善男子、如来は一切の静慮《じょうりょ》・解脱《げだつ》・等《とう》持《じ》・等至《とうし》において煩悩《ぼんのう》を伏滅《ふくめつ》し、生起《しょうき》する因縁、みな実のごとく知りたまえり。仏いかんが知りたもう。いわく衆生の煩悩の生起《しょうき》することは何の因をもつて生じ、何の縁をもつて生ず、惑《わく》を滅《めつ》して清浄《しょうじょう》なること、何の因をもつてよく滅じ、何の縁をもつてよく滅すと知りたもう。

因と縁とは、その生ずるための直接的な原因と、間接的な条件を考えれば理解しやすいと思います。

さて、この『守護国界主陀羅尼経』の文は、（1）煩悩の生起する因縁、（2）煩悩を除滅する因縁、（3）煩悩も解脱のための因縁、の三つに分けられます。長い引用になりますが、書き下し文と口語訳を掲載し、紹介することにしましょう。

（1）煩悩の生起する因縁

この中に煩悩の生ずる因縁とは、いわく不正思惟なり。これをもつてその因とし、無明を縁とす。無明を因とし、行を縁とす。行を因とし、識を縁とす。識を因とし、名色《みょうしき》を縁とす。名色を因とし、六処を縁とす。六処《ろくしょ》を因とし、触を縁とす。触を因とし、受《じゅ》を縁とす。受を因とし、愛を縁とす。愛を因とし、取を縁とす。取《しゅ》を因とし、有を縁とす。有を因とし、生を縁とす。生を因とし、老死を縁とす。煩悩を因とし、業《ごう》を縁とす。見を因とし、貪を縁とす。随眠煩悩《ずいみんぼんのう》を因とし、現行煩悩を縁とす。これはこれ煩悩の生起する因縁なり。

【口語訳】

よこしまな思惟が因となり、無知が縁となります。無知が因となり、はからいが縁となります。はからいが因となり、識別力が縁となります。識別力が因となり、名称と形態とが縁となります。名称と形態とが因となり、心作用が縁となります。心作用が因となり、感官と対象との接触が縁となります。感官と対象との接触が因となり、感受作用が縁となります。感受作用が因となり、妄執が縁となります。妄執が因となり、執着が縁となります。執着が因となり、生存が縁となります。生存が因となり、生れが縁となります。生れが因となり、老死が縁となります。

また煩悩を因とし、迷いの行為を縁とします。道理に迷うことを因とし、むさぼりの心を縁とします。かくれ（随眠）の煩悩を因とし、あらわれ（現行）の煩悩を縁とします。これが煩悩の生起する因縁のことです。

（2）煩悩を除滅する因縁

いかんが衆生の諸の煩悩を滅する所有の因縁とならば、二種の因あり、二種の縁あり。いかんが二とする。一には他に従って種種の随順の法声《ほっしょう》を聞き、二には内心に正念を起すなり。またつぎに二種の因あり、二種の縁あり。よく衆生をして清浄に解脱せしむ。いわく、奢摩他心一境《しゃまたしんいっきょう》の故に。毘鉢舎那能善巧《びばしゃなのうぜんぎょう》の故に。またつぎに二種の因あり、二種の縁あり。不来智の故に。如来智《にょらいち》の故に。またつぎに二種の因縁あり。微細《びさい》に無生《むしょう》の理《り》を観察するが故に、解脱に近きが故に。またつぎに二種の因縁あり。具足行《ぐそくぎょう》の故に、智慧解脱《ちえげだつ》現在前《げんざいせん》の故に。また二種の因縁あり、いわく尽智《じんち》の故に、無生智《むしょうち》の故に。また二種の因縁あり、随順《ずいじゅん》して真諦《しんたい》の理《り》を覚悟《かくご》するが故に、随順《ずいじゅん》して真諦《しんたい》の智《ち》を獲得《ぎゃくとく》するが故に。これはこれ衆生の煩悩を除滅《じょめつ》する清浄の因縁なり。如来ことごとく知りたまえり。

【口語訳】

さらに、迷える人びとが煩悩をなくしてゆく因縁は、どのようなものでありましょうか。それには二種の因縁があります。一には善知識から自分に応じた説法を聞くことであり、二には内心に正しい法を念じて修することです。

また二種の因縁があります。人びとをして心を清浄にさせ、解脱を得させるために、心を一境にとどめて、たくみに真実への観察を深めるのです。

また二種の因縁があります。根本の智と、その後に得られる智です。

また二種の因縁があります。微細にすべては空であると観察することと、さとりに極めて近いからです。

また二種の因縁があります。布施・持戒・忍辱・精進・禅定の行為と、それによる智慧の完成です。

また二種の因縁があります。煩悩をすべて滅した智慧と、再び煩悩がおきてこない智慧の完成です。

また二種の因縁があります。種々なる行によって真実の理《ことわり》を獲得し、真実の智《さとり》を獲得することです。

以上が人びとが煩悩を滅して、清浄なる心を得るための因縁です。如来はことごとく知っておられることです。

（3）煩悩も解脱のための因縁

またつぎに善男子、煩悩の因縁《いんねん》に数量《すうりょう》あることなければ、解脱の因縁もまた数量あることなし。あるいは煩悩あつてよく解脱のためにもつて因縁となる。実体《じったい》を観ずるが故に。あるいは解脱《げだつ》あってよく煩悩のためにもつて因縁となる。執着《しゅうじゃく》を生ずるが故に」と。

【口語訳】

さて、善男子よ、煩悩の起こってくる因縁にはかぎりがなく、さとりへの因縁にもかぎりがないものです。よって、煩悩がさとりの因縁となります、それは煩悩の実体を深く観ずるからです。また、さとりが煩悩生起の因縁となります、それは執着を生ずるからです、と。 （一―一六八〜一七〇）

『守護国経』からの長い引用文と口語訳をあげましたが、抜業因種とは、業因の種を抜くいうことです。業因とは現実のありかたを限定しているものであり、根本的な無知、すなわち無明に左右されることとなり、その結極のところは無知を取り除くことにほかなりません。そのために十二因縁観の実修が主張されているわけです。

詩文による「第五抜業因種心《ばつごういんじゅしん》」のまとめ

次に、詩文による「第五抜業因種心《ばつごういんじゅしん》」のまとめです。上段に原文の書き下し文を、下段に口語訳を示します。

縁覚《えんがく》の鹿車《ろくしゃ》は言説《ごんぜつ》なし　　縁覚の教えは言葉によって説かれることはなく

部行《ぶぎょう》と麟角《りんかく》と類《るい》不同なり。
因縁の十二深く観念《かんねん》し
百劫《ひゃくごう》に修習して神通《じんつう》を具す。
業《ごう》と煩悩《ぼんのう》とおよび種子《しゅうじ》を抜き
灰身滅智《けしんめっち》して虚空《こくう》のごとし。
湛然《たんねん》として久しく三昧《ざんまい》に酔臥《すいが》せり、
警《いましめ》を蒙《こうむ》って一如《いちにょ》の宮《ぐう》に廻心《えしん》す。

仲間と共に修行する人と、一人で修行する人がいます。
十二因縁観を深く観想し
永い時間にわたり修習して、やっと神通力を得るのです。
悪業と煩悩の種子を抜きさり
身も心もなき虚空のごとき境地となり。
静かに深く、長く禅定の世界に酔いしれているのです
仏のいましめによって大乗へのさとりに心をめぐらすべきです。

（一―一七〇）

ここで注意したいのは、詩文の最後の行の、「警《いましめ》を蒙《こうむ》って一如の宮に廻心《えしん》す」ということです。すなわち、縁覚の境界に満足している人の心を、如来のいましめによって一如の宮、すなわち、大乗の境界に心を廻《め》ぐらせるということです。実に抜業因種心の問題は、ここにあるわけです。

抜業因縁心の論述の骨子に関して『大日経』から四点を引証

先述しました『守護国経』からの引証は、もっぱら十二因縁観に関するものでした。次に抜業因縁心に関する引証を、『大日経』巻一、住心品第一、巻二、具縁品第二から引用します。「第五抜業因種心《ばつごういんじゅしん》」の冒頭で名称を説明したときに、根拠として引証した文も再び引証し、本文に口語訳をそえます。抜業因縁心の論述の骨子がこれらによって構成されていることがわかります。

（1）縁覚の教えは十二因縁観によって、煩悩の根や無明の種子を抜き去る

縁覚は業煩悩の株杌《ちゅうこつ》無明の種子の十二因縁を生ずるを抜く。建立宗等を離れたり。かくのごときの湛寂《たんじゃく》は一切外道の知ること能《あた》わざるところなり。先仏、一切の過を離れたりと宣説したまえり。

【口語訳】

縁覚の教えは、十二因縁観によって悪業や煩悩の根と、無明の種子を抜き去るものです。それは建立宗などの見解とははるかに離れています。このような境地は、まったく静かであり、すべての外道等の知ることのできないところです。諸仏も、このような境地は一切の過失を離れていると述べられます。

（2）縁覚の人びとは言説の世界をこえた三昧を体得する

縁覚は深く因果を観察し、無言説の法に住して転ぜずして言説なし。一切の法に於て極滅語言三昧を証す。これを縁覚の三昧道となす。

【口語訳】

縁覚の人びとは、因果の道理を深く観察し、無言説の法に住して、法輪を転ずることもなく、すべての法において、言説の世界をこえた三昧を体得しました。この境地が縁覚の人びとのさとりの道であります。

（3）縁覚や声聞が説く真言の法

秘密主、もし縁覚、声聞所説の真言に住すれば、諸過を摧害《さいがい》す。

【口語訳】
秘密主よ、もし縁覚や声聞が説くところの真言の法に住すれば、もろもろの罪過をくだいてしまうだろう。

（4）声聞乗の説く真言と縁覚乗の説く真言

声聞所説の真言は、一一の句安布せり。この中に辟支仏《びゃくしぶつ》にまた少しの差別あり、いわく三昧分異にして業生を浄除す。

【口語訳】
声聞の説く真言は、多くの句によって意味を示すものです。縁覚の説く真言は少し違いがあります。いわく、声聞と縁覚とのさとりは、それぞれに相違しながら、縁覚は煩悩の遠因となる種子を抜いてしまうのです。（一―一七二）

『菩提心論』からの引証——声聞、縁覚の修行の実際

次に『菩提心論』からの引証がつづきますが、前述の「第四唯蘊無我心」で、『『菩提心論』の証文は下の文、すなわち、第五住心の内容と共通するものがありますので、ここでは掲載せずに第五住心のところで取りあげます」としておりました。

『菩提心論』の証文は下の文と心雑《まじ》え挙げたり。故に別に抄せず。行相下に臨んで知んぬべし。（一―一六七）

ここで『菩提心論』からの引証文と口語訳をあげます。二乗の立場の修行の実際の世界を述べたものです。

また二乗の人、声聞は四諦《したい》の法を執し、縁覚は十二因縁《じゅうにいんねん》を執す。四大・五陰・畢竟磨滅《ひっきょうまめつ》すと知つて深く厭《えん》離《り》を起して衆生執《しゅじょうしゅう》を破《は》す。本法《ほんぽう》を勤修《ごんしゅう》して其の果を尅証《こくしょう》し、本涅槃《ほんねはん》に趣《おもむ》くを究竟《くきょう》とおもえり。

【口語訳】

また、声聞・縁覚の二つの教え〈二乗〉の人びとについて述べれば、声聞は苦・集・滅・道の四つの真理（四諦）の教えに執《とら》われ、縁覚は生存を構成する十二の要素の連鎖（十二因縁）の教えに執われています。彼らは地・水・火・風の四つの粗大な原質（四大）と、五つの身心の構成要素とによって構成されているもの（五蘊）とは、ついに磨滅《まめつ》してしまうものだと知って、深く厭い離れる心を起《お》こし、人びとのもつ執われを破《やぶ》り、その根本の教えである四諦・十二因縁の教えをつとめて実修し、そのさとりの成果である、いまだ心身の根元をのこしている有余涅槃を体得します。さらには、心身ともに滅した完全なる涅槃である無余涅槃におもむくのを、究極の目的としているのです。　（一―一七二）

真言行者の世界

次に、真言行者の世界が述べられます。

真言行者《しんごんぎょうじゃ》、まさに観ずべし。二乗の人は、人執《にんしゅう》を破すと雖《いえど》も、猶《なお》し法執《ほっしゅう》あり。ただし意識を浄めて其の他を知らず。久久《くく》に果位を成じ、灰身滅智《けしんめっち》を以て其の涅槃《ねはん》に趣《おもむ》くこと、太虚空《たいこくう》の湛然常寂《たんねんじょうじゃく》なるが如し。定性ある者は発生《ほっしょう》すべきこと難《かた》し、要《かなら》ず劫限《ごうげん》等の満を待つて方に乃《すなわ》ち発生す。若し不定性の者は、劫限を論ずることなく、縁に遇えば便ち廻《え》心向《しんこう》す。城より起つて三界を超えたりとおもえり。謂《いわ》く宿《むかし》、仏《ほとけ》を信ぜしが故に、乃《すなわ》ち諸仏菩薩の加持力《かじりき》を蒙《こうむ》つて方便を以て遂に大心《だいしん》を発《おこ》す。乃《いま》し初め十信《じっしん》より、下、遍《あまね》く諸位《しょい》を歴《へ》て、三無数劫《さんむしゅごう》を経《へ》、難行苦行《なんぎょうくぎょう》して然《しか》して成仏《じょうぶつ》することを得、既《すで》に知んぬ、声聞縁覚は智慧狭劣《きょうれつ》なり。亦《ね》楽《ご》うべからず。　（一―一七二）

【口語訳】

真言行の実践者は、まさに二乗の人びとの執われを深く観察すべきです。二乗の人びとは、固定的な自我の存在についての執われから離れても、すべての存在を構成している存在要素があるという執われがまだ残っています。ただ第六の意識を浄めつくすだけで、その根底《こんてい》に第七識、第八識のあることを知らないでいるのです。非常に長い時間をかけて、やっとさとりの段階に到達し、身体も心もともに滅したところの涅槃におもむくことは、あたかも大虚空が永遠に静寂《せいじゃく》であるようなものです。声聞や縁覚になることが定まっている人びとにとって、大乗への心を発《おこ》すことはむずかしいことです。かならず決《きめ》られた長い時間を経過して、その後にようやく大乗への心を発すことができるのです。本性が定まっていない、すなわち菩薩となる可能性をもっている人びとであれば、長い時間の限定にかかわりなく、機縁《きえん》に遇《あ》えばただちに心を廻らして、大乗への志《こころざし》を発すのです。

二乗の人びとは、仮《かり》のさとりの境地（化城）を出《い》でて、欲界・色界・無色界という三つの迷いの世界を越えることができると思います。つまり、むかし、仏を信じたことから、現在、諸仏・菩薩の不可思議な力のはたらき（加持力）をいただいて、たくみな手立《てだ》てによって、ついに大乗への志《こころざし》を発すのです。このようにして、初めの十信の修行段階から、菩薩の五十二の修行段階のすべてを経て、三無数劫《さんむしゅごう》というほとんど無限に近い時間をかけて、難行苦行して、ようやく成仏することができるのです。以上のことから、声聞・縁覚は、智慧がせまく劣《おと》っているので求めてはいけない、と知るべきです。

定性と不定性

真言行者の世界を説くなかで、定性と不定性とが述べられました。それを図示すると次のようになります。

（1）菩薩となるはずの者	（菩薩定性）	定性
（2）縁覚となるはずの者	（縁覚定性）	定性
（3）声聞となるはずの者	（声聞定性）	定性
（4）いずれとも定まらない者	（不定性）	――不定性
（5）絶対に救われない者	（無種性）	――無性

問題は、（4）の不定性です。文中にも「縁に遇えばすなわち廻心向大す」とありました。そのことについて、最後に『十住毘婆沙論』巻五、易行品が引証され、定性にかかわる深刻な事態が述べられます。

もしは声聞地《しょうもんぢ》および辟支仏地《びゃくしぶつぢ》に堕《だ》す。
もししからば、これ大なる衰患《すいげん》なり、助道法の中に説くがごとし。

もし声聞地および辟支仏地に堕するをば、
これを菩薩の死と名づく。すなわち一切の利を失す。
もし地獄に堕すれば、かくのごとき畏を生せず、
もし二乗地に堕すれば、すなわち大怖畏《だいふい》とす。
地獄の中に堕すれば、畢竟《ひっきょう》じて仏に至ることを得べし。
もし二乗地に堕すれば、畢竟じて仏道を遮《しゃ》す。
仏自ら経の中において、かくのごときの事を解説《げせつ》したもう。
人の寿《いのち》を貪《とん》するものは、首を斬るをすなわち大なる畏となすがごとし。
菩薩もまたかくのごとし、
もし声聞地および辟支仏地においてまさに大怖畏を生ずべし。

【口語訳】

もしも、声聞の境界や縁覚の境界に堕ちるならば、
それは大きなわずらいであろうことは、修行体系のなかに説かれているごとくです。
もしも声聞や縁覚の境界に堕ちたとすれば、
それはまさしく菩薩の死ともいうべきものです。すなわち、一切の利益を失うことになります。
もしも地獄におちたとしても、このような恐怖はおこりません。
もしも声聞や縁覚の境界に堕ちれば、大恐怖といわなければなりません。

地獄に堕することは、かえって仏の世界にいたる原因ともなりうるのです。

もしも声聞や縁覚の境界に堕ちれば、ほとんど仏となる道をなくしてしまうことになるのです。

仏は自らお経のなかに、このようにお説きになっておられるのです。

人が自分の寿命に執着していれば、首を斬られることが、もっとも大きな恐れとなるようなものです。

菩薩もまさしく同じです。

もしも声聞や縁覚の境界におちれば、大いなる恐怖を生ずるでしょう。

（一―一七二、一七三）

空海の廻心の機会

私たちの日常生活でも云えることではないでしょうか。人生の目標を低く設定して生きている人にとって、その目標を達成してしまうと、もうそこに安住してしまって、それ以上をまったく求めないようなものです。まして、仏教のさとりの境界についていうならば、大乗のそれにくらべて声聞・縁覚のさとりは低く、自己のさとりの世界に埋没してしまうことの危険性をば、「菩薩の死」とまで極論しております。

空海は生涯において、いくどかの廻心の機会があり、ついに密教に到達しました。ここにその詳細を紹介する余裕はありませんが、たとえば、仏教への廻心を促した一人の沙門。入唐して出会った恵果阿闍梨。さらには伝教大師最澄との出会いも、重要な廻心の機会であったにちがいありません。

また、必ずしも、人との出会いだけが廻心をうながすものではありません。空海にとって大和久米寺東塔での『大日経』との出会いも重要な廻心の機会であり、鎌倉仏教の親鸞も夢告という廻心の機会がありました。

「第五抜業因種心」の詩文

例によって、「第五抜業因種心」の詩文です。上段に原文の書き下し文を、下段に口語訳を示します。

第五　抜業因種心（迷いの種子《たね》を引き抜こうとする心）

身を十二に修して　十二因縁観を深く修することによって
無明種を抜く　根本無明の種子《たね》を抜き
業生すでに除いて　業の束縛から解放され
無言に果を得　さとりの世界にただ黙然としています

（一―一三一）

7.『大日経』との出会い

『大日経』との出会いは空海の廻心の重要な機会でした。勝又俊教は随筆「空海の入唐求法」で、空海の『大日経』との出会いと入唐求法を熱望した背景を、

「空海は出家して南都の仏教を学びながら、それに飽き足らず真実の教えを探し求めたところ、幸いにして『大日経』という密教経典を手にとって、これこそわが求めている至極の教えであることを知った。しかし『大日経』には曼荼羅・灌頂・護摩法・真言・印契など密教の儀礼に関することが多く、それらを理解するためには入唐して明法の阿闍梨《あじゃり》から直接学ぶ必要があった」（『別冊墨』第三号、五〇頁）

と指摘しています。

さらに、隋唐仏教の諸宗は奈良時代までにほとんど伝えられていましたが、八世紀後半に成立した中国密教は『大日経』や『金剛頂略出念誦経』などわずかしか伝わっていなかったため、空海はこの新仏教（密教）をわが国に伝えることこそが、わが使命と考えた（同書五〇頁）、と述べています。（W）

8　第六　他縁大乗心《たえんだいじょうしん》——わけへだてることなく大慈悲心をふりそそぐ心

「第六他縁大乗心」の名称と、修行の段階

まずはじめに、文章の順序を入れかえて、「第六他縁大乗心」の名称を紹介します。

法界《ほっかい》の有情《うじょう》を縁《えん》ずるが故に他縁《たえん》なり。声《しょう》・独《どく》の羊《よう》・鹿《ろく》に簡《きろ》うが故に大の名あり。自他を円性《えんしょう》に運ぶが故に乗という。これすなわち君子《くんし》の行業《ぎょうごう》、菩薩《ぼさつ》の用心《ようじん》なり。これ北宗の大綱けだしかくのごとし。（一―一七四）

【口語訳】

法界のすべての人びとを救いの対象とするから「他縁《たえん》」というのであり、声聞の羊車、縁覚の鹿車と比較するから「大乗」の名があるのです。また、自分も他人《ひと》もともにさとりの世界に運ぶから「乗」というのです。これは、道心ある人の実践すべきものであり、菩薩の用心すべきものです。北宗（法相宗《ほっそうしゅう》）のおおまかな内容はこのようなものです。

要するに第四・第五の心は、声聞と縁覚であり、それはいまだに小乗教の範囲でありましたが、ここでいよいよ大乗の領域に入ってきました。菩薩は、すべての人びとを救済の対象とすることを強調します。そのことをも

って「他縁」といい、小乗に対する「大乗」を標榜《ひょうぼう》したわけです。以下に続く大乗の初門に当たりますので、特に人びとの救済ということを述べたわけです。

文章を最初にもどしまして、「第六他縁大乗心」の修行の段階について述べます。

ここに大士《だいし》の法《ほう》あり。樹《た》てて他縁乗《たえんじょう》と号す。建《こん》・爪《そ》を越《こ》えて高く昇《のぼ》り、声・縁を越《こ》えて広く運《はこ》ぶ。

（一―一七三）

【口語訳】

ここに大乗の菩薩の教法があります。それを他縁乗と名づけます。この教えは建立外道《こんりゅうげどう》や長爪梵志《ちょうそぼんし》などの主張をはるかにこえており、声聞乗や縁覚乗の人びとが自己の解脱のみにむかって修行しているのにくらべて、広大なる大乗のさとりの世界に多くの人びとを運ぶのです。

二空《にくう》・三性《さんしょう》に自執《じしゅう》の塵《ちり》を洗《あら》い、四量《しりょう》・四摂《ししょう》に他利《たり》の行を斎《ととの》う。陀那《だな》の深細《じんさい》を思惟《しゆい》し、幻焔《げんえん》の似心《じしん》に専注す。

【口語訳】

個人としての存在も、他のすべての存在も空《くう》であり、実体のないものを誤認し、あらゆるものは縁によってのみ起こるものであり、真実なるものの在り方を悟ることによって迷心の塵を払い。慈・悲・喜・捨（いつくしみ・あわれみ・よろこび・すべてのとらわれを捨てる）の四無量心。布施・愛語・利行・同事（あたえよ・やさしいことばをかけよ・人びとに善き行為をせよ・相手と同じ立場にたつべし）の四摂行の実践によって、人びとを救うための行為をととのえます。第八アーラヤ識は、はなはだ深細なもので、すべての存在は変現したものであると思惟し、それは幻のごとく焔のごとく、あるように見えつつ、実にはないものであると理解するのです。

ここに芥城《けじょう》竭《つ》きて還《かえ》って満ち、巨石《こしゃく》磷《ひずら》いでまた生ず。（1）三種の練磨《れんま》は初心《しょしん》の退せんと欲するを策《はげま》し、四弘《しぐ》の願行《がんぎょう》は後身《ごしん》の勝《しょう》果を仰ぐ。（2）等持《とうじ》の城を築《きず》いて唯識《ゆいしき》の将《いくさ》を安じ、（3）魔旬《まじゅん》の仗陣《じょうじん》を征して煩悩の賊帥《ぞくすい》を伐《う》つ。（4）八正《はっしょう》の軍士《ぐんじ》を整《ととの》えて、縛《しば》るに同事《どうじ》の縄をもつてし、六通の精騎《せいき》を走せて、殺すに智慧の剣をもつてす。（5）労績《ろうせき》を封《ふう》ずるに五等の爵《しゃく》をもつてし、心王《しんのう》を冊《かしづ》くに四徳の都をもつてす。

（一―一七四）

【口語訳】

そして、その修行には無限の長い長い年月の修練《しゅうれん》が必要なのです。それには五段階があります。

（1）ややもすると退却してしまおうとする三種の心（菩薩とは広大にして深遠なるものであるというのを聞いて、退屈の心を生じます。布施・持戒などの六波羅蜜行はなかなか修しにくいというのを聞いて、退屈の心を生じます。さとりを得ることがはなはだ困難であることを聞いて、退屈の心を生じます）をはげまして、四弘の願行（四弘誓願）の実践によって悟りの世界を仰ぎみるのです。（資糧《しりょう》位《い》）。

（2）心を統一して、すべての存在はただ識の変現にすぎないという観念を徹底するのです。（加行《けぎょう》位《い》）。

（3）煩悩の魔軍と戦って勝利するのです。（通達位）。

（4）八正道と四摂行の実践で得た六神通の力により、煩悩の種子を智慧の剣で切りすてます。（修習《しゅうじゅう》位《い》）。

（5）識を転じて智慧となし、迷いの心にかわって常・楽・我・浄といわれる涅槃の世界に位します。（究《く》竟《きょう》位《い》）。

他縁大乗心のさとりの風光

では、他縁大乗心のさとりの風光とはどのようなものでありましょうか。本文の冒頭を示して以下を略し、口語訳をあげておきます。

勝《しょう》義勝《ぎしょう》義《ぎ》太平の化《け》を致《いた》し、廃詮談旨《はいせんだんじ》に無事《むじ》の風を扇《あお》ぐ。……（一―一七四）

【口語訳】

最勝にして最高なる太平の境界は、すべてのはからいをこえてやすらかです。真実の台《うてな》にただすわっていて、さとりの殿になにもなく、無限に長い時間にわたり修行したことによって帝王と称せられ、仏の智慧を得て法王といわれることを、今ここに初めて得られたのです。阿頼耶識《あらやしき》の海には、七・六・前五識の波が静まり、色・受・想・行・識の五蘊は、色・声・香・味・触・法の六塵によって影響をこうむることがないのです。無分別なる心の智慧は、函と蓋とがよく合うごとく、真実なるものと一致します。副次的に得られた利他への智慧は、大慈悲の力となってあらゆる人びとを救済するのです。経・律・論の三蔵によって声聞・縁覚・菩薩は人びとを教化し、十善戒をさだめて迷える人びとを導くのです。

ここで、教えを短くまとめて、次のように述べております。

乗を言えば三、識《しき》を談《だん》ずれば唯《ただ》八なり、五性に成・不あり。三身《さんしん》はすなわち常《じょう》と滅《めつ》なり。百億の応化は同

じく六舟を汎《うか》べ、千葉《せんよう》の牟尼《むに》は等しく三駕《さんが》を授く。（一―一七四）

【口語訳】

説くところの教えは三乗、識を分析すれば八識であるとし、五性の格別なることを論じて、定性の菩薩と不定性の菩薩が成仏し、他は成仏しないと説きます。また仏身については自性身、受用身、変化身の三身を説き、自性身は常体で、他の受用と変化の二身は生滅をのがれることができません。一〇〇億にもわたる応化の仏身は、六波羅蜜行を実践し、千葉《せんよう》の上の釈迦牟尼仏は、声聞・縁覚・菩薩に通ずる三乗の教えを説くのです。

これはまさしく大乗仏教の領域に入っております。ここに乗（教え）をあげれば、声聞・縁覚・菩薩乗の三乗の教えです。心意識については、眼・耳・鼻・舌・身の前五識に、意識《いしき》・末那識《まなしき》・阿頼耶識《あらやしき》の八識を立てます。第八阿頼耶識は、それ以前の七識の一切の種子《しゅうじ》を蔵するもので蔵識ともいわれております。また人の機根については五性各別説を主張し、「定性の声聞」「定性の縁覚」「定性の菩薩」「不定性」「無性有情」の五性のうち、定性の菩薩と不定性の者が廻心向大（心をめぐらして大乗に向かう）するとします。また仏身については、自性身《じしょうしん》と受用《じゅよう》身《しん》と変化身《へんげしん》の三身説を主張し、自性身は常体であって生滅せず、受用身と変化身は生滅無常とします。

ついで、『梵網経《ぼんもうきょう》』に説かれている仏身観を紹介して、

百億《ひゃくおく》の応化《おうけ》は同じく六舟《ろくしゅう》を汎《うか》べ、千葉《せんよう》の牟尼は等しく三駕を授く。（一―一七四）

と示します。すなわち、毘盧遮那如来は蓮華台の中央に坐しておられ、その蓮華台の千葉《せんよう》の上に千の釈迦を現じておられる、そのことを云ったものです。六舟とは六波羅蜜の教え、三駕とは三乗教のことで、舟といい駕《かご》というのも、それらは人びとを彼岸の世界に送る乗り物としての教えということにほかなりません。

「第六他縁大乗心」の詩文でのまとめ

例によって「第六他縁大乗心」を詩文でまとめ、上段に書き下し文を、下段に口語訳を示します。

心海《しんかい》湛然《たんねん》として波浪《はろう》なし、
識風《しきふう》鼓動《こどう》して去来《こらい》をなす。
凡夫は幻の男女に眩著《げんじゃく》し、
外道は蜃《しん》の楼臺《ろうだい》を狂執《きょうしゅう》す。
自心の天《てん》・獄《ごく》たることを知らず、
豈《あ》に唯心《ゆいしん》の禍災《かさい》を除くことを悟らんや。
六度《ろくど》万行《まんぎょう》三劫《さんこう》に習《なら》い、
五十二位一心に開く。
煩悩《ぼんのう》・所知《しょち》已《すで》に断じて浄ければ
菩提《ぼだい》・涅槃《ねはん》是れ吾が財《たから》なり。
四・三點《さんでん》の徳今具足す、

心の奥深い世界は、まったく静かで、動きません。
対象を意識すると、過去や未来という相対の波がおこります。
凡夫は幻の男女にまよわされ、
外道は蜃気楼のうてなに執着します。
天国も地獄も、ただ自心の迷いがつくり出したもの、
どうして、心がつくり出したものと悟れないのでしょう。
六波羅蜜やすべての修行を永い時間にわたって習《なら》い、
五十二の修行徳目も、ただ一心に悟れば開かれます。
迷いと、迷いによる行為を断じて、心が清浄になれば
菩提も涅槃も、自分のたからとなるはずです
そこにはすでに悟りの多くの功徳がそなわっており

覚《さと》らず外に求むる甚だ悠《はるか》なるかな。
言亡慮絶《ごんもうりょぜつ》して法界に通ず、
沈萍《ちんぺい》の一子尤も哀《あはれ》むべし。

その理《ことわり》を知らず、外に求める、なんと愚かでありましょう。
真実はことばで説けなくても、法界に遍満しています、
生死の苦海に沈む人びとは、なんと哀れなことでしょう。

（一―一七六）

ここで語釈をします。「心海湛然《しんかいたんねん》として波浪《はろう》なし」の「心海」とは第八阿頼耶識のことで、それを海にたとえ、湛然として波浪のない様子を示しています。

「識風鼓動《しきふうこどう》して去来《こらい》をなす」とは、六識が六境を縁ずることにより、波浪のなかった第八阿頼耶識に風が吹いて波がたち、「去来」という、あるいは生滅という世界がおこってくるのです。

「凡夫は幻の男女に眩著《げんじゃく》し、外道は蜃《しん》の樓臺《ろうだい》を狂執《きょうしゅう》す」とは、よって、凡夫は幻の男女にとらわれ、外道は蜃気楼のごとき幻影に狂執するのです。

「自心の天《てん》・獄《ごく》たることを知らず、豈《あ》に唯心《ゆいしん》の禍災《かさい》を除くことを悟らんや」とは、よって自心で天とか、地獄とかをあやまって意識してしまうのです。それはただ自心のみが、それらの苦しみを除くことができるということを知らないのです。

「六度《ろくど》万行《まんぎょう》三劫《さんこう》に習《なら》い」の「六度」とは、六波羅蜜行、すなわち布施・持戒・忍辱・精進・禅定・智慧のことで、菩薩が涅槃にいたるための実践行のことです。その六波羅蜜行を三大無数劫にわたって修習することです。

「五十二位一心に開く」の「五十二位」とは、やはり菩薩の修行の階程のことで、十住・十行・十回向・十地に妙覚・等覚を加えたものです。それが、ただ一心（自心）を悟ることによって開かれる、というのです。

「煩悩《ぼんのう》・所知《しょち》已《すで》に断じて浄ければ、菩提《ぼだい》・涅槃《ねはん》是れ吾が財《たから》なり」の「煩悩・所知」とは、煩悩障と所知障のこと

で、いわゆる煩悩と、そのはたらきで智慧の働きがさまたげられるということです。これら二つの障《さわり》を断じてしまえば、心が清浄となって、菩提と涅槃がそのまま財《たから》となるのです。

「四・三點《さんでん》の徳今具足す、覚《さと》らず外に求むる甚だ悠《はるか》なるかな」の「四・三点の徳」とは、常《じょう》・楽《ちく》・我《が》・常《じょう》の四徳と、法身《ほうしん》・般若《はんにゃ》・解脱《げだつ》の三点です。これらは共に解脱の徳であり、それを外に求めることの愚かさを排して、本来具していることを知るべきです。

「言亡盧絶《ごんもうりょぜつ》して法界に通ず、沈萍《ちんべい》の一子尤も哀《あはれ》むべし」の「「言亡慮絶」とは、真実なる世界は言葉で説きあかすことができないけれども、法界に遍満しているのであり、「沈萍《ちんぺい》」とは、生死の海に沈んでいる迷える人びとのことで、最もあわれむべきである、というものです。

この趣旨と同じことを、『大日経略開題』（今釈此経）のなかには、次のように説いています。

如智《にょち》の法王《ほうおう》（大日如来）、大悲の轝《こし》（教え）に乗つて法界宮《ほっかいぐう》より出でて、五蔵《ごぞう》の法鼓《ほうこ》（経《きょう》・律《りつ》・論《ろん》・般若《はんにゃ》・陀羅尼《だらに》〈密教〉の教え）を打ち、五智《ごち》（大日如来の智慧）の己《おのれ》にあることを驚覚《きょうがく》せしめ、三密の明鏡《めいきょう》を懸《か》けて、三點《さんでん》の他にあらざることを徹視《てっし》せしむ。

（二―二〇八）

論述根拠の『経』と二つの『論』

ついで、「第六他縁大乗心」の論述根拠の『経』と二つの『論』を引証します。それは『大日経』と『菩提心論』、『釈摩訶衍論《しゃくまかえんろん》』です。まず、『大日経』巻一、住心品第一です。

秘密主《ひみつしゅ》よ、大乗《だいじょう》の行《ぎょう》あり、無縁乗《むえんじょう》の心を発《おこ》して法に我性《がしょう》無し。何を以ての故に、彼れ往昔《おうじゃく》に是の如く修行せし者の如きは、蘊《うん》の阿頼耶《あらや》を観察し、自性は幻《げん》と陽焔《ようえん》と影《よう》と響《きょう》と旋火輪《せんがりん》と乾闥婆城《けんだつばじょう》の如しと知る。

（一―一七六）

【口語訳】

秘密主よ、大乗の教えによって修行する人がいます。無縁乗の教えによって心をおこし、すべての存在に自性がないと観ずるのです。それはなぜかといえば、かの昔の菩薩が修行したごとく、身体と心との動きを深い意識の底（阿頼耶識）でコントロールしているさまを観察し、その自性は、幻のごときもの、陽炎のごときもの、影のごときもの、響のごときもので、縄の先に火をつけ回転させた、あたかも火輪であるかのごとく見えるものであり、まぼろしの城のごときものである、と知るからです。

要するに、大乗の菩薩行の眼目とするところは、三界とは我が心より生じたものであり、一切諸法には自性がないということを体得して、無縁なる大悲心を生ずることを示しているのです。

次の、竜猛菩薩の『菩提心論』からの引証は、「第六他縁大乗心」における修行についての根拠です。

又衆生有って大乗の心を発《おこ》して、菩薩《ぼさつ》の行を行ず。諸の法門に於て遍修《へんしゅう》せざること無し。復《また》三阿僧祇劫を経て、六度万行を修し、皆悉く具足して然《しか》して仏果を証す。久遠にして成ずることは、これ所習の法教、致《むね》次第あるに由つてなり。

（一―一七六）

【口語訳】

また衆生が大乗の心を発し、菩薩の利他の行を修し、諸の教えを遍く学びました。また、永い時間にわたり六波羅蜜行を行じ、みなことごとく完成し、仏となることができました。このように永い時間にわたり、だんだんと修行が深まっていくのは、その修する教法にきちんとした段階が設けられているからです。

「第一異生羝羊心《いしょうていようしん》」から「第五抜業因種心」までの解説では、根拠となった『経』と、『論』からの引証で終わりましたが、ここでは、さらに次のような問答が示されます。

問う、二障《にしょう》を断じ四徳《しとく》を証す。此《かく》の如きの波駄《ぼだ》は究竟《くきょう》とやせん。（答う）。是の如きの行者は未だ本源に到らず。何をもつてか知ることを得る。（一―一七七）

【口語訳】

問　煩悩と智慧のはたらきをさまたげるものを滅し、それによって悟りの多くの功徳を証明してきましたが、はたして、その境界の人は、もっとも完全な悟りを究竟において得た仏（仏陀）であるのでしょうか。

答　このような境界は、いまだ本当のさとりには至っていません。

問　何によって、そのように言えるのですか。

この再質問に対して、『秘蔵宝鑰』では、『釈摩訶衍論』からの引証をもって答えます。それは次の一文です。

一切の行者、一切の悪を断じ、一切の善を修して、十地を超え、無上地に到りて三身を円満し、四徳を具足す。是の如きの行者は、無明の分位にして、明の分位にあらず。（一―一七七）

【口語訳】
すべての真言行を行ずる人びとが、すべての悪を断じ、一切の善を修し、菩薩の修行階梯を完成して仏の境界を円満し、さとりのすべての徳を完成したとしても、その人はただ迷いの側のある境地を得たのみで、悟りの側の境地にはほど遠いのです。

『秘蔵宝鑰』での『釈摩訶衍論』の引証は、これが初出ですが、以下の第七・八・九・十各心の重要な典拠として、たびたび登場します。空海は、『釈摩訶衍論』の引用文の後に添えて、コメントを加えております。

今この証文によらば、この住心の仏は、未だ心原に到らず。ただし心外の迷を遮して、秘蔵の宝を開くことなし。（一―一七七）

【口語訳】
今、この証拠の文によれば、この境界の仏は、いまださとりのもっとも深い世界にはいたっていないのです。それは、ただ心の外の迷いを取り去ったのみで、真言密教の宝の蔵を開くまでには、まだ、いたっていないのです。

『釈摩訶衍論』の五重問答

実は、ここに引証されている『釈摩訶衍論』の典拠（問答）は、空海が顕教・密教を比較検討した『弁顕密二教論』巻上に、五重問答として引用されているもので、最初の問答に相当します。その五重問答は第六他縁大乗心より第十秘密荘厳心で、それぞれ引用され、位置づけられています。

『秘蔵宝鑰』では『釈摩訶衍論』を『釈大衍論《しゃくだいえんろん》』とか、『釈論《しゃくろん》』と呼んでいます。摩訶衍は、マハーヤーナすなわち大乗ということです。大衍論は「大乗論」のことで、要するに『大乗起信論』の解釈書というわけです。『大乗起信論』は、中期大乗仏教を代表する大乗仏教の論述書で、いうところの如来蔵思想の結論的な思想書です。大乗仏教を極めて体系的な視点から論じたもので、中国仏教や日本仏教にあたえた影響は大きく、仏教研究の出発にあたって必ず学ぶべき書として、重要視されてきました。

『大乗起信論』は馬鳴菩薩《めみょうぼさつ》造、真諦三蔵訳と明記されておりますから、当然インドで撰述されたものであろうと考えられますが、中国撰述説も存在します。最近の研究成果では中国撰述説に決着したようであります。『大乗起信論』の注釈書には、法蔵（六四三〜七一二）の『大乗起信論義記《ぎき》』が有名です。しかし、空海は『釈摩訶衍論』を多用し、その一つがここで引証されているわけです。

ここで、五重問答の口語訳を一括して掲げます。密教と顕教の相違を極めて明確に示しておりますので参考にしていただきたいと思います。

第一重の問答

問　もしそうであるならば、すべての行者が一切の悪を断じ、すべての善を修し、十地の修行階梯をこえて無上地の境地にいたり、仏の三身を完成し、涅槃の常・楽・我・浄の四徳を具有しました。このような行者は悟りの世界にいるのでしょうか。そうではないのでしょうか。

答　このような境界の行者は、いまだに迷いの世界にとどまっているのであって、悟りの境界ではないのです。

第二重の問答

問　もしそうであるならば、清浄なる本来仏であるという境地は、始めなきものであり、修行によって初めてあらわれるものでも、他の力によって得るものでもないのです。本来的に功徳を円満し、智慧をそなえているものです。よって、有・無・亦有亦無・非有非無の四句の分別をこえ、有・空・亦有・亦空・非有非空・非非有非非空の五辺のとらわれから離れており、自然法爾《じねんほうに》なるものであると云ったとしても、それは適当ではなく、清浄なる心と云ったとしても、それは適当ではなく、絶離・絶離（否定をかさねる）というよりないのです。このような境界は悟りの世界なのでしょうか。そうではないのでしょうか。

答　このような境界は迷いの世界にとどまっているのであって、悟りの境界ではないのです。

第三重の問答

問　もしそうであるならば、法界と一つになった心としての主体は、一〇〇の否定をもっても否定しきれず、一〇〇の肯定をくりかえしても肯定しつくすことができません。「中」といってもあたらない。「中でない」ということになれば、真実でもないことになります。真実でないということになれば、巧みな弁論によってもとどかず、深い考察によっても及ぶことができないのです。このような一心は悟りそのものなのでしょうか。そうではないのでしょうか。

答　このような一心は、まだ迷いの世界にとどまっているのであって、いまだ悟りの境界ではないのです。

第四重の問答

問　法界と一つになった主体としての一心の身と意《こころ》にわたる広大なるはたらきの世界は、「一」といったとして、「一」にとどまるものではなく、仮に「一」といったまでであります。三自《さんじ》（身と語と意）を「われ」といったとしても、実の「われ」と名づくべきではなく、仮に「われ」と名づけたのであります。「われ」のごとくに名を立てたとしても、実の「われ」ではないのです。また「われ」を「自」と云ったとして、それは実の「自」ではないのです。このような深い境地は悟りの世界なのでしょうか。そうではないのでしょうか。

答　このような深い境地ですら、いまだ迷いの世界にとどまっているのであり、悟りの境界ではないのです。

第五重の問答

問　唯一絶体なるさとりの境地（不二摩訶衍の法）は、ただそれは唯一絶対なるさとりの境地です。このような唯一絶対なるさとりの境地は、悟りの境界なのでしょうか。そうではないのでしょうか、と。

以上が五重問答です。この五重問答は、空海が説く密教の存在にかさなるものです。特に第五重の問答は、「不二摩訶衍の法は、ただ不二摩訶衍の法である。（唯一絶体なるさとりの境地（不二摩訶衍の法）は、ただそれは唯一絶対なるさとりの境地です）」としか云っていないことに注目していただきたいのです。すなわち教義なるものは、心外の煩悩を調伏することにのみ力を発揮するのであり、「内庫を排《ひら》いて宝を授く」というところにまでは到達していないというのです。言葉をかえて言えば、仏の説法は、それを聴聞する人びとの能力に応じて説法されるもので、それが教説としてまとめられましたが、大日如来の説法は、自内証智の境界がそのままに説かれたもので、完全なものだというわけです。後に詳しく述べます。

8.「唯識3年、倶舎8年」と法相宗

いよいよ、今回の「第六他縁大乗心」から大乗仏教に入り、最初に取りあげたのが唯識です。唯識は、「一切の存在はただ自己の識（心）が作りだした仮のもので、この識の他には事物的存在はない」という教えで、法相宗の基本教学です。

法相宗の源流は玄奘三蔵です。玄奘がインドに赴き、無著・世親の正統な教学を戒賢から学び、『瑜伽師地論』と護法の『成唯識論』など膨大な経典を持って帰国し、漢訳しました。慈恩大師窺基（基）は師の玄奘が訳出した『成唯識論』をもとに『成唯識論述記』二〇巻を著し、法相宗を開宗したのです。

遣唐使の一員として入唐した道昭や智通、智達が玄奘や窺基（基）から教えを受けて日本に伝え、南都六宗の一つとして、興福寺や薬師寺を中心に多くの学僧を輩出しました。南都六宗は三論宗、法相宗、華厳宗、律宗、成実宗、倶舎宗の総称です。空海が入唐前に学んだのもこの南都六宗の教学でした。

かつては、仏教を学ぶ基本として、

「唯識三年、倶舎八年」

と言われてきました。「桃栗三年、柿八年」になぞらえて表現と思われますが、各宗派の宗乗学を学ぶ前に、基礎学としての唯識や『倶舎論』を学びなさい、という指導法です。あわせて南都六宗に平安二宗の天台宗と真言宗を加えた『八宗綱要』の学習も必須でした。

こうした姿勢は明治以降も脈々と継承され、各宗の宗乗学や近代的な仏教文献学を学ぶと同時に、唯識や『倶舎論』、『八宗綱要』を教授する風潮が昭和三〇年代まで、仏教系の大学や宗門に残っていたような記憶が懐かしく思い出されます。（W）

9　第七　覚心不生心《かくしんふしょうしん》――すべてのとらわれから解放される心

広い広い世界に立って自身をみつめる「第七覚心不生心」

「第六他縁大乗心」は、心を深く深く探索していく方向に確認された境界を述べたものでした。この「第七覚心不生心」は、広い広い世界に立って自身をみつめるものです。

インドにおける大乗仏教運動は、瑜伽唯識派と中観派の二つの大きな流れを形成しました。瑜伽唯識派が「第六他縁大乗心」で取り上げられ、中観派はこの「第七覚心不生心」で位置づけられています。

まず冒頭で空海は、

「大空のごときひろびろとした世界は、天空をつらぬく一気《いっき》のなかにすべての存在を含み、大海のごとき澄みわたった世界には、どこまでも広がる一つの水のなかに、あらゆるものの存在を宿しています」

と実に壮大なイメージを展開します。その原文は次の通りです。

それ大虚《たいこ》寥廓《りょうかく》として万象を越《たい》気《き》に含み、巨壑《こがく》泓澄《おうちょう》として千品を一本に孕《はら》む。誠に知んぬ。一は百千が母たり。空はすなわち仮有の根《もとい》、仮有は有にあらざれども、有有として森羅たり。（一―一七八）

「大虚《たいこ》」は大空。「寥廓《りょうかく》」は、ひろびろとした静かな様子です。「巨壑《こがく》」・「泓澄《おうちょう》」は大海が澄みわたった状態のことです。現代を生きる私たちでも、大気が澄みわたり大海がひろびろと広がる景色を目の前にしたとき、ちっぽけな自己から抜けだし、悠然とした気分で広大な景観にひたるはずです。そして世俗でのさまざまな悩みは、いつの時代にもあるものです。

話が少し離れますが、空海の書簡を集めた『高野雑筆集《こうやざっぴつしゅう》』(上・下)の下巻の末尾に、宛名不明の一文がおさめられています。手紙の内容から推察しますと、どうやら若い役人と思われる人物から空海に、生き方についての相談が寄せられ、空海が身の処遇や去就について親身に忠告・指導した書状です。

前途ある若者への真情あふれる手紙

空海は前途ある若者に、

「昔より、廉潔《れんけつ》の士(正しくいさぎよい人)が家を潤し、財をなした例はなく、直諫《ちょくかん》の人(是非善悪を正論をもっていさめる人)で、栄達をとげた人はいないけれども、忠諫《ちゅうかん》(真心で諫《いさ》めること)して身をほろぼすか、面柔《めんにゅう》(相手の面前で媚《こ》びへつらう)して保身をはかるかは、あなたの判断をまつよりありません。もし、官位を捨て、世俗から離れることが困難であれば、病気を理由とし、あるいは地方への勤務を願い出るべきです。そのことの取捨・去就はよくよく考えるべきです」

と懇切丁寧に返信しています。大空のごときひろびろとした世界、大海のごとくすみわたった世界を説き明かす空海の真摯《しんし》な姿勢が重なって見えてくるような手紙です。その一部を紹介します。

これを往古《おうこ》に開き、これを今時に見るに、未だ廉潔《れんけつ》の士、能くその屋《おく》を潤《うるほ》し、直諫《ちょくかん》の人、能くその身を栄す者あらず。（三―五四一）

【口語訳】

昔より現在にいたるまで人間社会を見回してみるにつけ、廉潔《れんけつ》の士（正しくいさぎよい人）が家を潤したり財をなしたりすることはなく、直諫《ちょくかん》の人（是非善悪を正論をもっていさめる人）で、栄達をとげたという人はいません。


しかれども猶ほ義を守る者は受けず、道に順《したが》う者は正諫《せいかん》するのみ。（三―五四一）

【口語訳】

しかし、正義を守る人は不正をゆるさず、道を守るものは正しくいさめなければなりません。


それ忠諫《ちゅうかん》して身を喪《ほろぼ》すと、面柔《めんにゅう》にして物《もの》を利《り》すると、この二の者は誰《だれ》をか捨《す》て、誰をか取《と》らん。取捨《しゅしゃ》の間、人心の趣くところならくのみ。骨肉の親といえども、なお身を喪《ほろぼ》し、門を喪《ほろぼ》す。いかにいわんや疎遠《そおん》においてをや。（三―五四一）

【口語訳】

忠諫《ちゅうかん》（真心で諫《いさ》めること）して身をほろぼすか、面柔《めんにゅう》（相手の面前で媚びへつらう）して保身をはかるかは、あなたの判断をまつよりありません。注意しなければならないことは、骨肉の関係の親であっても、その身をほろぼし、家をほろぼすことがあるのです。まして疎遠《そおん》（他人の間柄）ではなおさらです。

直諫《ちょくかん》の貴《とうと》ぶところは、けだしその悪《あく》を変《へん》じてその善《ぜん》に順《したが》うにおけるか。また大士の用心は同事《どうじ》これを貴ぶ。聖人《せいじん》の所為《しょい》も光を和《やわら》げ物を利す。しばらくその塵《ちり》に同《どう》じてその足《あし》を濯《すす》がんにはしかず。（三―五四二）

【口語訳】

他人を真心で諫《いさ》める目的は、悪を変じて善にしたがうということでありましょう。菩薩の用心すべきは、人びとに近づき（同事）、その人と同じ心となって尽くす、ということです。聖人の行為も、自分の才智をかくし、人びとを利益《りやく》することにほかなりません。

もし流蕩《りゅうとう》して遂《つい》に還《かえ》らず、諷《いさめ》を聞いて疾《にく》むこと敵の如くならしめば、彼己《ひき》に益《えき》なし。現未に損あり。

【口語訳】

もし、放蕩《ほうとう》をつくしてついに改心せず。いさめを聞いてかえって敵意をいだくようであれば、貴方にとっても、相方にとっても、なんの利益もないことになります。現時点でも、また未来にわたっても、大きな損失になるにちがいありません。

あに翼《つばさ》を奮《ふる》つて高く翔《かけ》り、鱗《うろこ》を払つて遠《とお》く逝《ゆ》くにしかんや。（三―五四一）

【口語訳】

どうして、鳥が翼を羽ばたいて空高く舞い上がり、魚が背びれを振るって岸を離れ遠くに行かないことがありましょうか、必ずそうするはずです。（同じように、貴方も置かれている状況から、離れ出ることが必要です、の意)。

もし公、衣《ころも》を払《はら》って隠遁《いんとん》し、簪《かんざし》を投《とう》じて志《こころざし》を逸《やすん》ずること能わずんば、託《たく》するに疾病《しっぴょう》をもってし、もって外官を覓《もと》めんのみ。取捨《しゅしゃ》、去就《きょしゅう》、その義かくのごとし。これを察せよ、これを察せよ。（三―五四二）

【口語訳】

もしも貴方が、官衣を脱ぎ捨て、冠を止める簪《かんざし》を捨てて、世俗から離れ、心を安んずることが困難ならば、病気を理由として、あるいは地方への勤務を願い出るべきです。そのことの取捨・去就はよくよく、くれぐれも考えるべきです。

「第七覚心不生心」の空《くう》の考察

ここで「第七覚心不生心」の本文に戻りましょう。いよいよ空《くう》の考察です。

「一は百千が母たり」とは、一という数は無量なるもの、数限りないものの母にほかなりません、の意です。「空は即ち仮有の根《もとい》」とは、「一」と同じく、「空」はこの世に現れる仮有の現象の根源ということです。ここで、注意しなければならないのは、一を無量なるもの、すなわち百千のもとい、とそのままに解すると、一というものが初めに存在するかようになってしまうことです。

「仮有は有にあらざれども」とは、因縁の仮和合による仮の存在（仮有）は、存在そのものではなく、の意です。「有有として森羅たり」とは、すべてはさながら（森羅）に、そのままに存在している、ということです。

すべての存在に固有の根源を認めないのが、基本的な仏教の立場でありましょう。よって、空《くう》は、因縁の仮和合による仮の存在（仮有）のよりどころであり、有有としての肯定の立場から見て、さながら（森羅）にそのままに存在している、というよりないのです。

絶空は空にあらざれども空空として不住なり。色は空に異ならざれば、諸法を建てて宛然《えんねん》として空なり。空は色に異ならざれば、諸相を泯《みん》じて宛然として有《う》なり。この故に色即ち是れ空、空即ち是れ色なり。諸法も亦しかなり、何物かしからざらん。（一―一七八）

【口語訳】

絶待《ぜったい》なる空は、空無ではなく、空の空ということで、不住というよりないのです。よって、色、すなわち現象的な存在が空と異なることがないから、すべての存在（諸法）をたてて、そのままに空といえるのです。また、空は現象的存在と異なることがないから、すべての存在を尽くして、そのままに有ということができるのです。このことから「色即ち是れ空、空即ち是れ色なり」といえるのです。色とは五蘊《ごうん》、すなわち色・受・想・行・識の中の色をあげたまでであり、そこにはむろん他の四蘊も同時に含まれているのです。「色」は身体および物質のことで、「受（感受作用）・想（表象作用）・行（意志など）・識（認識作用）」は心作用・精神の働きとでもいうもので、物質と精神とをまとめて五蘊と云ったのです。よって、すべての存在はまったく同じであり、すなわち、すべての存在に、仮有と空とが同時に内包されているのです。

水と波は離れては存在しない

さらに空海は、「（すべての存在に、仮有と空とが同時に内包されているのは）水と波が離れては存在しないこと（不《ふ》離《り》）に似ていますし、金と、金によって造られた荘厳具が不異《ふい》であるのと同様です」などと、具体的な例をあげて次のように示します、

水波《すいは》の不離《ふり》に似たり。金荘《こんそう》の不異《ふい》に同じ。不一・不二の号立《な》ち、二諦《にたい》、四中《しちゅう》の称顕《あら》わる。空性《くうしょう》を無得《むとく》に観じ、戯論《けろん》を八不に越ゆ。　（一―一七八）

「水波《すいは》の不離《ふり》に似たり。金荘《こんそう》の不異《ふい》に同じ」とは、水と波、金とそれによって造られた荘厳具のことで、それぞれに不離であり、不異であるというわけです。

「不一・不二の号立《な》ち、二諦《にたい》、四中《しちゅう》の称顕《あら》わる」とは、不生・不異。すなわち、因縁所生のすべての存在を空ということが、不一・不二であるというわけです。よって「二諦」とは、空と、因縁所生のすべての存在とを示し、「四中」とは四種の中道のことです。すなわち、この世の事物に実体があると説く常見と、実体が無いとする断見などの、かたよった見解に対して説く対偏中《たいへんちゅう》、かたよった見解が尽きたところに説かれる尽偏中《じんへんちゅう》、かたよった見解がつきてしまえばかたよりも、執着することもない絶対の中道である絶待中《ぜったいちゅう》。有と無との仮であるということを成り立たせる非有非無の中道である成仮中《じょうけちゅう》の四中のことです。主に三論学派で説かれるものです。

「空性《くうしょう》を無得《むとく》に観じ、戯論《けろん》を八不に越ゆ」とは、空性をとらわれのないことと観念し、とらわれの心を八種の否定（八不）をかさねて超越するのです。「八不」とは、『中論』の初めに説かれている、「不生・不滅・不断・不常・不一・不異・不来・不去」の八不中道のことで、この八種の否定を通して空性を悟るということになります。

空観の立場からの内観

次は、空観の立場からの内観です。

時に四魔《しま》戦わざるに面縛《めんばく》し、三毒《さんどく》殺さざるに自降《じこう》す。生死《しょうじ》すなわち涅槃《ねはん》なれば、さらに階級《かいきゅう》なく、煩悩《ぼんのう》すなわち菩提《ぼだい》なれば、断証《だんじょう》を労することなし。しかりといえども、無階の階級なれば五十二位を壊《え》せず。階級の無階なれば一念《いちねん》の成覚《じょうがく》を礙《さ》えず。一念の念に三大を経て自行を勤め、一道の乗に三駕《さんか》を馳せて化他《けた》を労す。（一―一七八）

「時に四魔《しま》戦わざるに面縛《めんばく》し、三毒《さんどく》殺さざるに自降《じこう》す」のなかの「四魔」は、心身の調和を乱す五陰魔《ごおんま》・煩悩で心を惑わす煩悩魔・生命をおびやかす死魔・修行を妨げる天魔のことです。「三毒」は貪《とん》・瞋《じん》・痴《ち》の三煩悩です。いずれも修行をさまたげるものですが、空観にたてば、それらは戦わないうちにとらえられてしまい、みずから降伏してしまうといいます。

「生死《しょうじ》すなわち涅槃《ねはん》なれば、さらに階級《かいきゅう》なく」とは、よって、生死がそのまま涅槃となり、すなわち「生死即涅槃」であり、そこに生死と涅槃を分けへだてる階級があるわけではないのです。

「煩悩《ぼんのう》すなわち菩提《ぼだい》なれば、断証《だんじょう》を労することなし」とは、すなわち「煩悩即菩提」であり、煩悩を断つとか、悟りを得るなどということもないのです。

「しかりといえども、無階の階級なれば五十二位を壊《え》せず」とは、そうはいいましても、ことさらに分け隔てないといっても、悟りに至る修行の階梯を否定しているわけではないので、五十二位という修行の階梯はそのまま保たれるのです。

「階級の無階なれば一念《いちねん》の成覚《じょうがく》を礙《さ》えず」とは、生死と涅槃、煩悩と菩提などと、分け隔てることがないので、たった一度の念によって、悟りを成就できるのです。

「一念の念に三大を経て自行を勤め」のなかの「三大」は、無限に永い時間（三大阿僧祇劫《さんだいあそうぎこう》）のことです。すなわち、たった一度の念（一念の念）のなかに、三大阿僧祇劫《さんだいあそうぎこう》の無限の修行が込められています。

「一道の乗に三駕《さんが》を馳せて化他《けた》を労す」のなかの「一道の乗」とは、有と空の対立をこえた中道の教えのことです。「三駕」とは、声聞・縁覚・菩薩のことです。すなわち、有と空の対立をこえた「一道の乗物（教え）」に、声聞・縁覚・菩薩を乗せて、人びとを救済し、悟りの世界に導くのです、ということです。

「第七覚心不生心」の拓かれた境界

次に「第四唯蘊無我心」や「第六他縁大乗心」と比較して、「第七覚心不生心」の拓かれた境界を述べています。

唯蘊《ゆいうん》の無性《むしょう》に迷えるを悲しみ、他縁《たえん》の境智《きょうち》を阻《へだ》つるを歎《なげ》く。心王自在《しんのうじざい》にして本性《ほんしょう》の水《みず》を得《う》、心数《しんず》の客塵《かくじん》は動濁《どうじょく》の波《なみ》を息《や》む。権《ごん》・実二智《じつにち》は円覚《えんかく》を一如《いつにょ》に証し、真俗両諦《しんぞくりょうたい》は教理《きょうり》を絶中《ぜっちゅう》に得《う》。心性《しんしょう》の不生《ふしょう》を悟《さと》り、境智《きょうち》の不異《ふい》を知《し》る。其れすなわち南宗《なんしゅう》の綱領《こうりょう》なり。　（一―一七八）

「唯蘊の無性に迷えるを悲しみ」とは、「第四唯蘊無我心」の人、すなわち声聞乗の人が、自分も、自分をとりまくすべての存在も無性であることを知らないことを悲しむ、ということです。

「他縁の境智を阻《へだ》つるを歎く」とは、「第六他縁大乗心」の人、すなわち法相宗の人が、心とその心のはたらく対象を対立的に見て、それらが共に空であることを知らないことをなげく、ということです。

すなわち、このように批判した上で、

「心王自在にして本性の水を得、心数の客塵は動濁の波を息む」といいます。すなわち、心王（阿頼耶識《あらやしき》）は、有・無をこえて自在で、清浄なる水のごとくであり、心のはたらきは、外からの影響をうけてはたらき、にごってしまったとしても、やがて澄みわたるのです。

「権・実二智は円覚を一如に証し」のなかの「権・実二智」は、方便智（権智）と人びとの救済にむけられる智慧（実智）のことです。「実智」は真実なる智慧と云ってもよいでしょう。その二智をもって一如の真理を覚《さと》り、円覚なる仏果（悟り）を得るのです。さらに、

「真俗両諦は教理を絶中に得」とは、真実在の真理と俗実在の真理によって、絶対中道の教理を展開させるということです。そして、

「心性の不生を悟り、境智の不異を知る」とは、心性は不生・不滅であって、智とその対象の境は不異・空であることを知るというのです。この境界こそが「第七覚心不生心」のそれにほかなりません。

「これすなわち南宗の綱領なり」とは、南宗、すなわち三論宗の教えの綱領（眼目、中心教学）です、と結論づけています。「南宗」とは、中国の揚子江の南に広まった宗という意味で、三論宗のことです。

『大日経』と『大日経疏』の引用文

次に『大日経』と『大日経疏』の文が引用されています。しかし、これまでの各住心の例とは異なり、「第七覚

心不生心」の典拠を示すものではありません。典拠は最後に示され、ここでは教えを捕捉するという内容です。最初に『大日経』住心品からの引用文です。

故に大日尊、秘密主に告げてのたまわく、「秘密主よ、かれかくのごとく無我を捨てて、心主自在にして自心の本不生を覚る。何をもつての故に、秘密主よ、心は前後際不可得なるか故に、」と。（一―一七八）

【口語訳】
ゆえに（『大日経』住心品には）大日如来が秘密主に告げて、お説きになりました。「秘密主よ、かれはこのように無我であるという考えを捨てさり、心が自由自在になり、自心は本来空であることを覚るのです。それはなぜかといえば、秘密主よ、心は過去のかなたにおいても、未来においても、不可得であるからです」と。

つづけて『大日経疏』（巻二）をあげております。ここでは、口語訳のみを示します。

（『大日経』住心品）を解釈していわく、
「心（心主）とは心そのもの（心主）です。有とか無とかの相待的な世界にとどまることがなければ、心をさまたげるものがなく、自利・利他の妙なる行為が意のおもむくままに行ずることができるのです。だから心（心主）が自由自在というのです。心そのもの（心主）が自由自在というのは、浄菩提心がさらに一転してより明るい境地に進み、前の住心よりさらに勝れていることをあかすのです。

心そのものの本質は、池の水が本来清浄なるがごときものであり、その心のうえにおこるはたらきは、あたかも外からの塵を除けば浄らかになるようなものです。ですから、本来清浄であるということを証明するとき、心は空《くう》であることを覚るのです。

たとえば、大海の波は風という縁によっておこり、風が吹く前も、吹き終わった後も波はないのです。しかし、水というものはそうではないのです。波が風を縁としておこるとき、水そのものはそれ以前にないのではなく、波がおこる縁としての風がなくなるとき、水そのものはそれ以後にもないものではないごとく、心そのものは過去も未来もないのです。

過去も未来も超越しているから、境界の風にあうという縁によって、起こったり滅したりすることがあっても、心そのものは常に生じたり滅したりすることがないのです。この心そのものの空なることを覚ることによって、ようやく大日如来の境地に少しくかかわることになるのです」。

この『大日経疏』(巻二)の一文は、まさしく「第七覚心不生心」の内容を、さらに詳細に述べたものです。実に、この文を基本として、「第七覚心不生心」が構成されたものといえます。『大日経疏』の引用文の末尾に、

「この心の本不生を覚るは、これ漸く阿字門に入るなり(この心そのものの空なることを覚ることによって、ようやく大日如来の境地に少しくかかわることになるのです)」

とあります。この「これ漸く阿字門に入るなり」は極めて密教的な表現で、阿字門に入ることの一部が「第七覚心不生心」の境界にかかわるものとも理解できます。けれども、ここではまだ主たるテーマではないのです。

『秘蔵宝鑰』では、次に同じく『大日経疏』から、「無為生死」と「本不生」について、二つの文を引用しています。一つ目の「無為生死」は『勝鬘経』・『宝性論』・『仏性論』などに説かれているとおりであるとして、二つ目の「本不生」については、三論の大成者である吉蔵法師（五四九～六二三）が、その著とされる『大乗玄論』の二諦義《にたいぎ》・方言義《ほうごんぎ》・仏性義《ぶっしょうぎ》などの章で、盛んに「本不生」を説いていることを指摘しています。

このようなとらわれを取りさること（無為生死）の縁、因、生、壊などのことは、『勝鬘経』『宝性論』『仏性論』などのなかに広く明かされているとおりです。

いうところの（本不生〈空〉）というのは、不生・不滅・不断・不常・不一・不異・不去・不来などの八つの否定によって表現されるのです。三論宗の人びとは、この八つの否定をあげて究極なる中道の教えとしています。三論宗の大成者である吉蔵法師は『大乗玄論』などの著作の、二諦義・方言義・仏性義などの章において、さかんにこのことを説いているのです。

「第七覚心不生心」のまとめの詩文

最後に、「第七覚心不生心」の境界を詩文にまとめ、上段に書き下し文を、下段に口語訳を示します。詩文の「因縁生《いんねんしょう》の法は本より無性《むしょう》なり」以下、「真《しん》・俗宛然《ぞくえんぜん》として理分明《りふんみょう》なり」までは観念されている世界を、「八不《はっぷ》の利《り》刀戯論《どうけろん》を断つ」以下、「この初門《しょもん》より心亭《しんてい》に移《うつ》る」までは、観念のあかつきに確認された境界を述べているように思われます。

因縁生《いんねんしょう》の法は本より無性《むしょう》なり、
空《くう》・仮《げ》・中道《ちゅうどう》すべて不生《ふしょう》なり。
波浪《はろう》の滅生《めっしょう》はただしこれ水なり、
一心は本より湛然《たんねん》として澄《す》めり。
色《しき》・空不壊《くうふえ》にして智《ち》よく達《た》す、
真《しん》・俗宛然《ぞくえんぜん》として理分明《りふんみょう》なり。
八不《はっぷ》の利刀戯論《りどうけろん》を断つ、
五辺面縛《ごへんめんばく》し、自降《じこう》して平《たいら》かなり。
心通無碍《しんつうむげ》にして仏道《ぶつどう》に入る、
この初門《しょもん》より心亭《しんてい》に移《うつ》る。

因と縁との和合から生じるものすべては自性のないものです
それは空、仮、中であって、不生というよりないからです。
大海の波浪の生・滅は水の変現にほかなりません、
心におこる変幻も、本来、心そのものは静かで、澄んでいます。
色も空も滅することなく、さとりに達し、
真実の教えと世俗の教えが、宛然《えんぜん》として明らかになります
八つの否定によって戯論をたち、
五つの誤見も自然に解消し、対立をはなれて平静になるのです。
よって心が自由自在となり、仏の道に入ることになります。
このような境地となって、次の第八一道無為心に進むのです。

（一一八〇）

例のごとく、まとめの詩文の典拠をあげます。『大日経』の本文はすでに一度取り上げられておりますが、まとめの詩文の典拠としても再録されています。二度の引用を比較しますと差異があります。下段がまとめの詩文の典拠です。

秘密主よ、かれかくのごとく、
無我を捨てて心主自在にして

秘密主よ、かれかくのごとく、
無我を捨てて、心主自在にして

自心の本不生を覚る。
何をもつての故に、秘密主よ、
心は前後際不可得なるが故に、と。（一―一七八）

自心の本不生を覚る。
何をもつての故に、秘密主よ、
心は前後際不可得なるが故に、と。
かのごとく、自心の性を知るは、
これ二劫を超越する瑜祇《ゆぎ》の行なり。（一―一八一）

『大日経』住心品所説の六無畏、三劫説

下段のまとめの詩文の典拠では、「かのごとく、自心の性を知るは、これ二劫を超越する瑜祇《ゆぎ》の行なり」を加えて引用しています。その口語訳を示します。

「秘密主よ、かれはこのように無我であるという考えも捨てさり、心が自由自在になり、自心は本来空であることを覚るのです。それはなぜかといえば、秘密主よ、心は過去のかなたにおいても、未来においても、不可得であるからです」と。

このように自心の本性を知ることが、第二劫の細妄執を超越するヨーガの行なのです。

ここで「これ二劫を超越する瑜祇《ゆぎ》の行なり」という文が登場します。それは次に掲げる図によって、その構造を理解してほしいと思います。図に説かれる六無畏、三劫説は『大日経』住心品所説の教説でありますが、ここにそれを詳細に説く余裕がありませんので、図より第七住心―法無我無畏―二劫（細妄執）の線を確認して下さい。

（十住心）	（六無畏）	（三劫）
第一住心 第二住心 第三住心	善無畏	初劫 （麁妄執）
第四住心	身無畏 無我無畏	
第五住心	法無畏	
第六住心 第七住心	法無我無畏	二劫 （細妄執）
第八住心 第九住心 第十住心	一切平等無畏	三劫 （極細妄執）

『菩提心論』からの引証と、五重問答の第二重

次に『菩提心論』からの引証です。

まさに知るべし。一切の法は空なり、すでに法の本無生を悟りぬれば、心体自如にして身心を見ず。寂滅

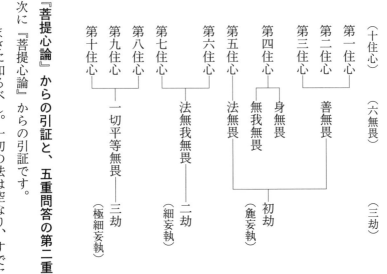

平等究竟真実の智に住して、退失なからむ。妄心、もし起らば、知つて随うことなかれ。妄もし息む時んば心源空寂なり。

（一―一八一）

【口語訳】

まさにつぎのように知るべきです。すべての存在は本無生（空）であります。すでにすべての存在は本来、無自性なるものであると悟れば、そのとき、心の本体と自らがあるがままにして平等であり、身体とか、心とかの区別もなく、静寂であり、究極にして真実なる智慧に住して、退くことがないようにするのです。もしも、煩悩の心が起こったならば、その実体を知って、それに左右されてはなりません。もしも、煩悩の心が止むときは、心の底が空寂なるものとなるでしょう。

最後に、問答が付されています。

問う、もろもろの戯論を絶つて寂静《じゃくじょう》無為なり。かくのごときの住心は、極底に到るや、いなや。（答う）那伽羅樹那菩薩の説かく、「清浄本覚は無始よりこのかた修行を観《ま》たず、他力を得るにあらず。性徳円満し、本智具足せり。また四句を出で、また五辺を離れたり。自然の言も自然なること能わず。清浄の心も清浄なること能わず。絶離絶離せり。かくのごときの本処は無明の辺域にして明の分位にあらず」と。

（一―一八一、一八二）

【口語訳】

問　すべての戯論を絶って、寂静であり、無為である、という境地が説かれましたが、このような境地はさとりの底に到達したということができるのでしょうか。そうではないのでしょうか。

答　竜猛《りゅうみょう》菩薩《ぼさつ》の『釈摩訶衍論』の巻五に説いています。もしそうならば、清浄なる本来仏であるという境地は、始めなきものであり、修行によって初めてあらわれるものでも、他の力によって得るものでもないのます。本来的に功徳を円満し、智慧をそなえているものです。よって、有・無・亦有・亦無・非有非無の四句をこえ、有・空・亦有・亦空・非有非空・非非有非非空の五辺のとらわれから離れており、自然法《じねんほう》爾《に》なるものであると云ったとしても、それは適当ではなく、清浄なる心と云ったとしても、それは適当ではなく、絶離・絶離（否定をかさねる）というよりないのです。このような境界は迷いの世界にとどまっているのであって、悟りの境界ではないのです。

この文は、『弁顕密二教論』巻上にならべられている五重問答の第二重であり、その第二重の問答の内容が、「第七覚心不生心」の境界に配当されているわけです。

9.『大乗三論大義鈔』

空海は「第七覚心不生心」を、大乗仏教運動の二大潮流の一つ中観派の立場、すなわち三論宗の境地と位置づけ、乗り越えるべきものとしています。

三論宗は、インド中観派の祖・龍樹の『中論』『十二門論』と、弟子の提婆の『百論』に基づく宗派（学派）で、中国・隋の吉蔵によって大成され、その後日本に伝来し、南都仏教を代表する宗派でした。

淳和天皇の勅令を受けて三論宗は、西大寺玄叡が『大乗三論大義鈔』（四巻）を執筆して提出しました。玄叡は当時の法相宗、天台宗、華厳宗、真言宗を論破するための論陣を張っています。そのため『大乗三論大義鈔』の内容は、吉蔵の『三論玄義』に代表される教学よりもはるかに精緻に論述され、日本初期三論宗の教義を知る上で貴重な一書です。（W）

10　第八　如実一道心《にょじついちどうしん》 ——すべてが清浄であり、障りがないものと観ずる心

第八住心の名称

『秘蔵宝鑰』の冒頭部分の「十住心の綱要」では、第八住心の名称を「第八如実一道心《にょじついちどうしん》」としていましたが、ここにいたって、「第八一道無為心《いちどうむいしん》」とされ、さらに「第八如実知自心《にょじつちじしん》」、「第八空性無境心《くうしょうむきょうしん》」と三つの名称を加えています。これは、広論である『十住心論』第八と同じです。本書では「第八如実一道心《にょじついちどうしん》」とします。

まず、「第八如実一道心」の発端です。

もしそれ、孔宣震旦《こうせんしんたん》に出でて、五常《ごじょう》を九州に述べ、百会華胥《ひゃくえかしょ》に誕《うま》れて、一乗を三草に開く。ここにおいて狂酔《きょうすい》の黎元《れいげん》は住《とど》つて進まず。痴闇《ちあん》の黔首《きんしゅ》は往《ゆ》いて帰らず。七十の達者《たっしゃ》は頗《すこぶ》るその堂に昇り、万千の羅漢《らかん》はすなわち金口《こんく》を信ず。度内《どない》の五常は方円《ほうえん》合わず、界外《かいげ》の一車《いっしゃ》は大小入らず。（一―一八二）

とあります。「孔宣《こうせん》」とは、孔子。「震旦《しんたん》」とは、中国のことです。「五常《ごじょう》」は仁・義・礼・智・信のことで、「九州」は中国全土のこと、「百会」は人間の頂点ということから釈尊を指し、「華胥《かしょ》」は天竺、インドのことです。

「一乗を三草に開く」とは、法華一乗の教えを、小草、中草、上草の三草に説いたことで、人天乗・二乗、三乗

にわたって説かれた、という意味です。

「狂酔《きょうすい》の黎元《れいげん》・痴闇《ちあん》の黔首《きんしゅ》」とは、狂える人びとのこと。「七十の達者」は、孔子の門下の七〇人のすぐれた弟子のこと。「万千の羅漢」は、『法華経』を同じく聞いた一万二千人の弟子は、皆が聖者（阿羅漢）となったといわれていることです。

「金口《こんく》」とは、釈尊の説法のことです。「度内の五常・界外の一車」とは、中国の内に五常（仁・義・礼・智・信）の教えがあり、界外とはインドのことで、そのインドには法華一乗の教えがあっても、「方円合わず、大小入らず」、すなわち、その教えに従わない者たちがいた、というわけです。

では、法華一乗という教えはどのようなものでしょうか。

この故に三七に樹を観じ、四十に機を待つ。初めには四諦《したい》方等《ほうとう》を転じて人法の垢穢《くえ》を洗《あら》い、後には一雨《いちう》の円音《えんとん》を灌《そそ》いで、草木の花葉《げよう》を霑《うるほ》す。　（一―一八二）

「三七」とは、釈尊が悟後三×七日間（二一日間）にわたって菩提樹下において観念されたこと、「四十」とは、悟った後も四〇年間は『法華経』をお説きにならなかったことです。そして鹿野苑において初転法輪され四諦の教えを説き、「方等」大乗の教えを説かれた。それによって、「人法の垢穢」、人我・法我自我のとらわれ、自我のはたらきにとらわれることをこえ、「一雨の円音」、雨水がすべての人びとがそなえている仏性の芽をうるおすような法華一乗の説法が、さらに花葉をもうるおしたのです。

『法華経』の教え

では、『法華経』の教えとは、どのようなものでしょうか。

蓮華三昧《れんげざんまい》に入つて性徳《しょうとく》の不染《ふぜん》を観じ、白毫の一光を放つて、修成《しゅうじょう》の遍照《へんじょう》を表はすがごときに至つては、会《え》三帰一《さんきいつ》して仏智《ぶっち》の深多《じんた》を讃し、指本遮末《しほんしゃまつ》して成覚の久遠を談ず。宝塔騰涌《ほうとうとうゆ》して二仏同座し、娑界震裂《しゃかいしんれつ》して四唱一処なり。髻珠《けいしゅ》を賜い瓔珞《ようらく》を献ず。　（一—一八二）

「蓮華三昧」とは、蓮華が泥中に根をはり、美しい花を咲かせることを観念して、人間には本来清浄なるものがあることを観ずる禅定を修して、自性清浄なる心は泥によってけがされることがないと観念すること。仏が眉間の白毫から光明を放って、修成の功徳が遍く照らしているということによって、以下の教えが示されていきます。

（1）「会三帰一《えさんきいつ》して仏智の深多を讃じ」……三乗の浅・権なることを開合し、一乗の教えに帰入せしめること＝『法華経』巻一、方便品第二の所説。

（2）「指本遮末《しほんしゃまつ》して成覚の久遠《くおん》を談《だん》ず」……「本」は本門、「末」は迹門です。久遠実成であります本門の仏に迹門始成の仏は（帰入します）＝『法華経』第六、如来寿量品第十八の所説。

（3）「宝塔騰涌《ほうとうとうゆ》して二仏同座し」……大地より湧出した七宝所成の大塔が空中にあり、多宝仏が釈尊に半座をあたえ、二仏同座している様子です＝『法華経』巻第四、見宝塔品第十一の所説。

（4）「娑界震裂《しゃかいしんれつ》して四唱一処なり」……娑婆世界三千国土の地が震裂して、その中より無量千万億の菩薩が同時に涌出し、上行・無辺行・浄行・安立行の四人の唱導の菩薩があらわれました＝『法華経』巻第五・従地涌出《ゆしゅつ》品第十五の所説。

（5）「髻珠《けいしゅ》を賜い」……転輪王の髻中に宝珠があり、その宝珠である法華一乗の教えを求道者に説きました＝『法華経』巻第五、安楽行品第十四の所説。

（6）「瓔珞《ようらく》を献ず」……観世音菩薩が無尽意菩薩から供養された瓔珞を二分して釈迦仏と多宝仏の二仏に献じました＝『法華経』巻第八、観世音菩薩普門品第二十五の所説。

次に、利智《りち》の鶖子《じゅし》（舎利弗）の驚きのエピソードや、竜女《りゅうにょ》の女人成仏、十如是などが説かれていることを、以下のように示しています。

利智《りち》の鶖子《じゅし》はわが仏の魔に変ぜるかと疑い、等覚の弥勒《みろく》は、その子の年の父に過ぎたることを恠《あや》しむ。一《いち》実《じつ》の理《り》、本懐《ほんかい》をこの時に吐《は》き、無二の道、満足を今日に得。しかればすなわち羊鹿《ようろく》驚れて露牛《ろご》疾《と》く、竜女《りゅうにょ》出でて象王《ぞうおう》迎う。二種の行処は身心の室宅《しったく》に宿り、十個の如是は止観の宮殿に安ず。寂光《じゃくこう》の如来は境智を融《ゆう》じて心性《しんじょう》を知見し、応化の諸尊は行願を顧《かえり》みて分身、相に随う。（一―一八四）

（7）「利智《りち》の鶖子《じゅし》はわが仏の魔に変ぜるかと疑い」……智慧のすぐれた鶖子（舎利弗）は、法華経の教えを聞いて驚き、仏が魔に変じたのではないかと疑いました＝『法華経』巻第二、譬諭品第三の所説。

（8）「等覚の弥勒《みろく》は子の年の父に過ぎたることを恠《あや》しむ」……大地より湧出した久遠実成の菩薩たちに対して釈尊が我が弟子なりと説いたことについて疑問をもちました＝『法華経』第五、従地湧出品第十五の所説。

（9）「一実《いちじつ》の理《り》、本懐《ほんかい》をこの時に吐《は》き、無二の道、満足を今日に得」……一実の理・無二の道とは法華第一乗のことで、釈尊は四〇余年の間に種々の方便の教えを説いてきましたが、それは機根がいまだ熟していなかったためでした。しかし今日はようやく法華一乗教を説くのです＝『法華経』巻第一、方便品第二の所説。

（10）「しかればすなわち羊鹿《ようろく》斃れて露《ろ》牛《ご》疾《と》く、」……長者が火宅に遊ぶ子供らを救うために羊・鹿・牛のひく各々の車を与えるといって子供たちを屋外に誘い出して、ついに大白牛車《だいびゃくごしゃ》に乗せて安全なところにのがしました＝『法華経』第二、譬諭品第三の所説。

（11）「竜女《りゅうにょ》出でて象王《ぞうおう》迎う」……竜女が竜宮から出て釈尊のみもとに来たとき、象王（文殊）が迎えて竜女が捧げた宝珠を受け取ったことは、文殊が海中におもむいて竜女を教化し、法華の会座において竜女が成仏したことをいいます＝『法華経』巻第五、提婆達多品第十二の所説。

（12）「二種の行処は身心の室宅《しったく》に宿り」……四種ある安楽行の第一に、行処と近処、すなわち、自らが行うことと、親近することの二行があり、それらの修観によって安楽行に住します＝『法華経』第五、安楽行品第十四の所説。

（13）「十箇の如是は止観の宮殿に安ず」……如是相・如是性・如是体・如是力・如是作・如是因・如是縁・如是果・如是報・如是本末究竟の十如是観をもって真実を達観するのです＝『法華経』巻第一、

方便品第二の所説。

(14)「寂光《じゃくこう》の如来は境智を融じて心性を知見し」……常寂光土の多宝如来と釈迦如来とが同坐することは理智不二を示し、人びとの心性の不二にして清浄なることを知見するのです＝『法華経』巻第四、見宝塔品第十一の所説。

(15)「応化の諸尊は行願《ぎょうがん》を顧《かえり》みて分身、相に随う」……種々に応現したまえる諸尊は、釈迦の本願をとげるために分身応化しているのです。

空海は以上によって、『法華経』の全体の教えを網羅《もうら》しているのです。

止観の内景というべき世界

ついで、止観の内景というべき世界が確認されます。

寂にしてよく照なり、照にして常に寂なり。澄水《ちょうすい》のよく鑒《かんが》みるに似たり、瑩金《えいきん》の影像《ようぞう》のごとし。湿金《しっきん》すなわち照影《しょうえい》、照影すなわち金水なり。すなわち知んぬ、境すなわち般若《はんにゃ》、般若すなわち境《きょう》なり。故に無境界《むきょうかい》という。すなわちこれ実の如く自心を知るを名づけて菩提とす。（一―一八四）

【口語訳】

いま止観の内景をみるに、自心の本性はシーンと静かで、おのずから智慧のはたらきが自由であります。智慧のはたらきが自由であれば、おのずから自心の本性はシーンと静かです。澄んだ水があらゆるものを映し、みがかれた鏡がすべての形像をうつすごとくです。みがかれた鏡と澄んだ水とがうつした形影は〈即〉であり、うつしだされた形像とみがかれた鏡、澄んだ水とは〈即〉であります。よって知るべきです。観念された世界と、観念した智慧とは〈即〉であり、観念した智慧と観念された世界とは〈即〉であることを。そのようでありますから、観念された世界と観念した智慧とは不二ということになるのです。この内景は、『大日経』住心品に説かれる「実の如く自心を知るを、菩提というなり」という風光に重なっているということができます。

次に、『大日経』巻第一、住心品第一からの長い引用文があります。それは、「実の如く自心を知る」ということの引用です。その引用文は長大なので残念ながら略しますが、空海はその引用文に、次のコメントを加えております。

> 釈していわく、いわく無相《むそう》・虚空相《こくうそう》および非青・非黄等の言は、ならびにこれ法身真如《ほっしんしんみょ》、一道無為《いちどうむい》の真理《しんり》を明す。仏これを説いて初法明道《しょほうみょうどう》と名づけたまう。『智度《ちど》』には入仏道《にゅうぶつどう》の初門《しょもん》と名づく。仏道といっぱ、金《こん》剛界宮大日曼荼羅《ごうかいぐうだいにちまんだら》の仏《ほとけ》を指す。もろもろの顕教《けんぎょう》においてはこれ究竟《くきょう》の理智法身《りちほうしん》なれども、真言門《しんごんもん》に望むれば、これすなわち初門《しょもん》なり。大日世尊《だいにちせそん》および竜猛菩薩《りゅうもうぼさつ》ならびにみな明らかに説きたまえり。疑惑《ぎわく》すべからず。（一―一八六）

この文は『大日経』からの長い引用文に事寄せて、一道無為の真理を説かれたものです。すなわち、「法身真如・一道無為の真理」と言っていることであきらかです。

さらに、『大日経』の本文にあります、「秘密主、この菩薩の浄菩提心門を初法明道と名づけたまう、『大智度論』巻第三十一には、入仏道の初門と名づく」と述べ、浄菩提心門、すなわち初法明道とおさえ、それが入仏道の初門というのです。

顕教の究竟の理智法身は、密教の立場からは初門

要するに「金剛界宮大日曼荼羅《こんごうかいぐうだいにちまんだら》の仏《ほとけ》を指す」の、金剛界大日曼荼羅とは密教のことです。そして、それが密教の初門ということで、まさしく、顕教においては究竟の理智法身ということがいえましょうが、密教の立場からは初門であるということになります。このことを伝統的解釈では、〈顕極密因《けんごくみっちん》〉というわけですが、顕教の極伝が密教では因にすぎない、ということです。

ついで、二つの引用をします。　この二つの引用文は、『経』に対する注釈書としての『疏』という関係ではなく、それぞれ、同じ条件のもとに並べ引用されたようです。理解を容易にするために、口語訳をあげてみることにします。

また下の文《もん》にいわく、「いわゆる空性《くうしょう》は根境を離れて相もなく、境界《きょうかい》もなし、もろもろの戯論《けろん》を越えて虚空《こくう》に等同《とうどう》なり。有為無為《ういむい》を離れ、もろもろの造作《ぞうさ》を離れ、眼《げん》・耳《に》・鼻《び》・舌《ぜつ》・身《しん》・意《い》を離る」とは、またこれ理法身《りほっしん》を明す。

【口語訳】

また、『大日経』住心品の文に説かれています。「いうところの空性というのは、感覚器官とその対象とを離れているので、見るべき相もなく、見るべき境界もありません。もろもろの戯論を超越していて、虚空と等同です。そしてまた、すべての存在の無常変化のすがたと、さとりの世界とを離れ、もろもろの造るものと、造られるものとも離れ、また、眼、耳、鼻、舌、身、意をも離れているのです」というは、理法身の境界を明かしたものであります。

無畏三蔵《むいさんぞう》の説かく、「行者この心に住する時、すなわち釈迦牟尼《しゃかむに》の浄土毀《き》せずと知り、仏の壽量長遠《じゅりょうちょうおん》なる本地《ほんち》の身《しん》と、上行《じょうぎょう》等の従地湧出《じゅうちゆしゅつ》のもろもろの菩薩と、一処《いっしょ》に同会《どうえ》すると見る。対治道を修するものは、迹《あと》、補処《ふしょ》に隣《とな》るといえども、しかれども一人をも知らず。この故にこの事を秘密と名づく」と。この理を証する仏を、また常寂光土《じょうじゃっこうど》の毘盧遮那《びるしゃな》と名づく。

【口語訳】
善無畏三蔵《ぜんむいさんぞう》は『大日経疏』巻第二で、「真言行者が、この初法明道《しょほうみょうどう》の心に住するとき、釈迦牟尼《しゃかむに》の浄土たる娑婆世界は常住であることを知り、久遠実成《くおんじつじょう》の本地《ほんじ》と上行《じょうぎょう》・無辺行《むへんぎょう》・浄行《じょうぎょう》・安立行《あんりゅうぎょう》菩薩が大地より湧《ゆ》出《しゅつ》した諸菩薩とともに、虚空界に一処に同会しているとみるのです。しかも対治道《たいじどう》を修する迹門の菩薩は、仏となる直前の菩薩であったとしても、湧出した菩薩の一人をも知ることができないのです。それをもって、この点を秘密というのです」と。この秘密の道理をさとる仏こそが、常寂光土のビルシャナ仏と名づけるのであります。

空海がまとめた天台教学の概要

これら二つの引用文は、それぞれの最後の文に、

「理法身を明す」

「この理を証する仏をまた常寂光土の毘盧遮那と名づく」

とあります。すなわち、後者は法華本門の理、空性無境の真実なるものを理法身としており、特に、「常寂光土」とは、四種の浄土、すなわち凡聖同居土・方便有余土、実報無障礙土・常寂光土のことで、そのなかの最高土のことです。

もともと『大日経疏』は、『大日経』の本文を解釈するのに多く『法華経』の文言を援用、利用しており、釈迦牟尼の浄土・仏の寿量長遠・本地の身・上行等は、如来寿量品や従地湧出品などのテーマです。よって、この『大日経疏』の文は、「第八如実一道心」（「第八一道無為心」「第八如実《にょじつ》知《ち》自《じ》心《しん》」「第八空性《くうしょう》無《む》境《きょう》心《しん》」）を論ずるのに格好のものであったにちがいありません。

大随の天台山国清寺の智者禅師、この門によつて止観を修し、法華三昧を得たり。すなわち『法華』・『中論』・『智度』をもつて所依となして一家の義を構う。この乗の趣き大体かくのごとし。（一―一八七）

天台山国清寺の天台大師智顗（五三六〜五九七）は、天台教義を大成されましたが、天台教義を構築するにあたって、『法華経』、『中論』、『大智度論』を所依とし、『法華玄義』、『法華文句』、『摩訶止観』のいわゆる天台三大部を著作しました。

空海は天台大師の修行とさとりを、「止観を修し、法華三昧を得たり」と述べております。天台教学は深く、そして広大です。よって、ここに空海がまとめた天台教学の概要は、空海の理解した一視点であることを認めざるをえません。

詩文による「第八如実一道心」のまとめ

次に空海は、例によって詩文で「第八如実一道心」の全体をまとめております。第一行目の「前劫の菩薩」とは、「第六他縁大乗心」「第七覚心不生心」に位置づけられる菩薩のことです。上段に書き下し文を、下段に口語訳を示します。

前劫《ぜんごう》の菩薩は戯論《けろん》となる	第二劫に位置づけられる菩薩の境界は、戯論というよりなく、
この心の正覚《しょうかく》もまた真《しん》にあらず。	この第八住心も後のさとりに比べれば真実ではないでしょう。
無為無相《むいむそう》にして一道浄《いちどういさぎよ》く	この境地は、無為無相にして清浄なる一道無為のさとりで、
非有非無《ひうひむ》にして不二《ふに》を陳《ちん》ぜり。	有でもなく、無でもなく、不二中道をのべたものです。
心境絶泯《しんきょうぜつみん》して常寂《じょうじゃく》の土《ど》なり	その世界は心と対象の対立がしずまり、常に寂静で、
語言道断《ごんごどうだん》して遮那《しゃな》の賓《ひん》なり。	言語を超えた世界に、大日如来の客の仏が住しておられます。
身心また滅して大虚《たいこ》に等し、	身も心もまた滅して、大虚空に等しく、
随類影現《ずいるいようげん》して変化《へんげ》の仁《にん》あり、	人びとの機根に応じてあらわれ、人びとの救済に邁進します。

（一―一八七）

ここで、『大日経』住心品と、十住心体系が相関する関係図を示しておきたいと思います。

	『大日教』住心品		十住心体系	
	三劫	六無畏	十住心	
世間			1 異生羝羊心	外道
		1 善無畏	2 愚童持斎心	儒教
			3 嬰童無畏心	道教
出世間	第一劫麁妄執	2 身無畏 3 無我無畏 4 法無畏	4 唯蘊無我心	声聞乗
			5 抜業因種心	縁覚乗
	第二劫細妄執	5 法無我無畏	6 他縁大乗心	法相宗
			7 覚心不生心	三論宗
	第三劫極細妄執	6 一切法平等無畏	8 一道無畏心	天台宗
			9 極無自性心	華厳宗
			10 秘密荘厳心	真言宗

五重問答の第三問答

さて、最後に一つの問答がおかれております。答えの部分は、すでに前述しました『釈摩訶衍論』の五重問答の第三問答にあたります。

問う、かくのごときの一法界・一道真如の理をば、究竟の仏とやせん。（答う）竜猛菩薩の説かく、「一法界心は百非にあらず、千是に背けり。中にあらず、中にあらざれば天に背けり。天に背きぬれば、演水《えんすい》の談《だん》、足断《あした》つて止り、審慮《しんりょ》の量、手亡じて住す。かくのごときの一心は無明《むみょう》の辺域にして明《みょう》の分位《ぶんい》にあらず」と。

（一―一八八）

【口語訳】

問　このような唯一にして真実なることわりを、究竟の仏とするのでしょうか。

答　竜猛菩薩の『釈摩訶衍論』巻第五では、次のように説いています。「唯一なる法界心といわれる世界は一〇〇回の否定や一〇〇〇回の肯定をもってもいいきれません。中でもなく、中でなくもないのですから、天空でもないのです。天空でもないのですから、水の流れるがごとき論談もたちきられて止《とど》まり、思慮のはたらきもとどまるほかはないのです。このような境界もいまだ迷いの世界にとどまっているのであり、さとりの一部分ですらないのです。

「第八如実一道心」と、「法身真如一道無為の真理」

この心の名称は、「第八一道無為心」ということでありましたが、全体の名称をあげるところでは、

「第八如実一道心」

（一―一三二）

となっておりました。この名称にはさらに、「第八如実知自心」、「第八空性無境心」とも記しております。ここで、

「一道無為心・如実一道心・如実知自心、空性無境心」とならべてみますと、一道がかさなり、如実がかさなり、無為と無境は同じ意味でかさなり、空性は如実の内容にほかなりません。

先にあまりにも長文の引用文、すなわち『大日経』からの引用文を略しましたが、そのなかに「この菩薩の浄菩提心門を初法明道と名づく」とあり、この文の全体を空海は、「これ法身真如一道無為の真理を明かす。仏これを説いて初法明道と名づけたもう」とまとめていますように、この心は「法身真如一道無為の真理」という句につくされているように思われます。

「第八如実一道心」の詩文

例によって、「第八　如実一道心」の詩文です。上段に原文の書き下し文を、下段に口語訳を示します。

第八　如実一道心

すべてが清浄であり	本来すべては清浄であるということにおいても平等であり、
障りがないと観ずる心	主観も客観もともに合一します。
一如本浄にして境智《きょうち》倶に融す	真実なるものは清浄であり、主観と客観も共に融け合っていて、
この心性知るを、号して遮那《しゃな》という。	その心の清浄なるさまを知るのを、ビルシャナ仏というのです。

もう少し理解を深めていただくために、『性霊集』巻第七所収の、「四恩の奉為に二部の大曼荼羅を造する願文」

の一文を取り出し、紹介します。文意は「第八　如実一道心」の人が空性の教えにとどまりながら、発心して、大日如来の教えを受けて修行し、さらに優れた「第十秘密荘厳心《ひみつそうごんしん》」に向かう姿を示します。

すなわち「第八如実一道心」（別名、第八一道無為住心《いちどうむいじゅうしん》）は天台宗の教えであり、密教の初門です。そして次の「第九極無自性心《ごくむじしょうしん》」は華厳宗の教えであり、いずれも究極の教えである「第十秘密荘厳心《ひみつそうごんしん》」への階梯なのです、の意です。

それ金剛の四法身、胎蔵の三秘印は、空性に憩《いこ》つて軷祖《ばつそ》し、重如《じゅうにょ》に秣《まぐさか》つてもつて脂轄《しかつ》す。一道無為《いちどうむい》は初入の門、三自本覚《さんじほんかく》は声《な》も及ばず。衆宝の心殿は高広にして無辺なり。光明の日宮は遍ぜずというところなし。真言の大我は本より心蓮に住し、塵沙《じんしゃ》の心数《しんず》は自ら覚月《かくげつ》に居《こ》す。三等の法門は仏日に住して常に転じ、秘密の加持は機水に応じて断ぜず。法性の身塔奇なるかな、大なるかな。（三―二七八）

この文中、「空性は憩つて軷祖し」とは、第八一道無為心の人が空性の境界にとどまり、さらに密教にむかおうとすることです。

「重如《じゅうにょ》に秣《まぐさか》つてもつて脂轄《しかつ》す」とは、第七覚心不生心の人が重如（如如）の境界にいながら密教への出発の用意をすることであります。

「一道無為は初入の門」とは、第八一道無為心が密教に入るの門です。

「三自本覚は声《な》も及ばず」とは、第九極無自性心の人は、その主調の声が密教に及ぶことがない、ということであり、これらの前と後との文は、密教についての言及であり、特にあげられている第七、第八、第九の心は、密教へのうながし、軷祖《ばっそ》・脂轄《しかつ》・初入《しょにゅう》の門、というように各々位置づけられていることを注意しておくべきであります。

10. 異文化との出会い②「仏教と神道」

空海はこの「第八如実一道心」が法華経にもとづく天台宗の教えであり、人びとの機根に応じて救われることを説きます。その上で、密教としては初入の門で、次の「第九無極自性心」へ進むことを促します。

仏教が日本に伝来したとき、わが国古来の惟神《かむながら》の道《みち》（神道）を信奉する人びとは驚きました。一つは「姿のある神」（仏像）の存在です。惟神《かむながら》の道《みち》（神道）の御神体は山や巨岩や古木などで、神々は聖なる「拠《より》代《しろ》」に現れ、いつも姿を見せているわけではありませんでした。

もう一つの驚きは個人のお願い（祈願）をしても良いという教えです。惟神《かむながら》の道《みち》（神道）の神様は村落共同体を守護してくれるとともに、時には怒りを現す存在です。稲の豊作の祈願や、天変地異に際しての安寧の祈りは、共同体全員の願いであり、個人や一家族だけの幸運を神頼みするものではありません。

一方、仏教では個人や家族の善因善果を説いたので、藤原氏の興福寺など氏寺が各地に広まり、やがて惟神《かむながら》の道《みち》（神道）も、仏教の寺院建設に影響を受け、聖なる場所に注連縄《しめなわ》を張り、鳥居を作って俗界と聖界を区別し、神社を常設していきました。

こうして惟神《かむながら》の道《みち》（神道）と仏教が交流（神仏習合）するなかで、仏教の説く「本性清浄」「客塵煩悩」などの教えは、日本人の共感を広く呼んだものと想像出来ます。凡夫を悩ます煩悩が外からついた塵のようなものであるならば、仏道の教えを守り、きちんと払えれば綺麗になるからです。

同じく惟神《かむながら》の道《みち》にも禊《みそぎ》とお祓いがあります。滝や海水などで禊《みそぎ》をし、お祓いを受けて身を清めるのが通例です。本性が清浄であるとの感性が、日本人には生まれながらに身に付いている証左です。（W）

11　第九　極無自性心《ごくむじしょうしん》——真実の世界でさえもうつろうものと観ずる心

極無自性心《ごくむじしょうしん》を理解する二つの方法

空海はこの「第九極無自性心《ごくむじしょうしん》」で、最も理解しにくく、極無といわれる自性心のあり処を述べるところから始めます。そして「まず、探索がきわめて困難な心を解釈する方法に、理解しやすい顕略《けんりゃく》と、難しいけれども大切な秘密《ひみつ》の二種があります」として、最初の「理解しやすい顕略」を以下のように解説します。

極無自性心といっぱ、今この心を釈するに二種の趣きあり。一には顕略趣《けんりゃくしゅ》、二には秘密趣《ひみつしゅ》なり。顕略趣とは、それ甚深《じんしん》なるものは麼嚧《まろ》、峻高《しゅんこう》なるものは蘇迷《そめい》、広大なるものは虚空、久遠《くおん》なるものは芥石《けしゃく》なり。しかりといえども、芥石《けしゃく》も竭《つ》き磷《ひすら》ぎ、虚空も量りつべし。蘇迷《そめい》は十六万、麼嚧《まろ》は八億那なり。近くして見難きはわが心、細にして空に遍ずるはわが仏なり。わが仏、思議しがたく、わが心、広にしてまた大なり。巧《ぎょう》・芸《げい》、心迷うて竿《さん》を擲《なげう》ち、離《り》・律《りつ》、眼盲《めもう》して見ることを休《や》む。禹《う》が名、舌《した》絶《た》え、夸《か》が歩み、足刖《き》る。声《しょう》・縁《えん》の識《しき》も識《さと》らず、薩埵《さった》の智も知らず、奇哉《きさい》の奇、絶中の絶なるものは、それただ自心の仏か。（一——一八八）

【口語訳】

極無自性心とは、今、この心を解釈するに二種の方法があります。その一つは顕略、その二つは秘密です。

顕略なる解釈によれば、実に深いものは大海（麼嚧《まろ》）ですし、きわめて高いものは須弥山（蘇迷《そめい》）です。そして広大なるものは虚空であり、永遠ともいえるほど気の遠くなるものは、芥子劫や盤石劫に譬えられる永い永い時間です。しかし、やがて芥子粒も数えつくし、大盤石もすりきれ、虚空も量り尽きるかもしれません。須弥山の高さは十六万由旬、大海も八億由旬といわれているのであるから。

私はつくづく思います。もっとも近くにありながら見ることがむずかしいのは、わが心ではなかろうか、と。きわめて微細にして大空に遍満しているのは、わが仏であるということを。まことにわが心は、広くしてまた大です。よって暦学者巧暦《こうれき》や、算数の達人衆芸《しゅげい》ですら、心を計ることがむずかしく、ついにわからずに算盤《そろばん》をなげすてました。また視力の鋭い離朱《りしゅ》や、天眼通の第一人者阿那律《あなりつ》すら、眼で見ることができないほどです。命名の達人禹王《うおう》も、自らの心に名称をつけられず、健脚《けんきゃく》家夸父《かふ》も、その歩足をもって自心を測ることができず、声聞や縁覚の知識、菩薩の智慧をもっても知ることができないのです。ああ、なんと奇怪なことでしょうか。秘密のなかの秘密（絶中の絶）なるものは、ただ、自心の仏というべきものです。

と、多数の事例をあげて、「自心の仏」の探索がきわめて困難であることを述べ、「声聞や縁覚の知識、菩薩の智慧をもっても知ることができない」とまで、断言しているのです。

なぜ、それほどに難しいかについては、「人びとは、執われの心によって迷っているからであり、心の真実のみなもとを悟ることができれば、心の広大なる水が静かに澄みわたるのです。人びとはこの道理を知らずに、迷いの世界に輪転し、迷いの酒に酔いしれて、自心のみなもとを知ろうとしないからです」と、次のように説いています。

自心に迷うが故に六道《ろくどう》の波《なみ》、鼓動《こどう》し、心原《しんげん》を悟《さと》るが故に一大の水、澄静《ちょうせい》なり。澄静《ちょうせい》の水、影万像を落《うつ》し、一心の仏、諸法を鑑知《かんち》す。衆生、この理に迷つて輪転絶ゆること能わず。蒼生《そうせい》はなはだ狂酔《きょうすい》して自心を悟ること能わず。

（一―一八八、一八九）

【口語訳】

執われの心によって迷っているから、苦しみの波におぼれてしまうのです。心の真実のみなもとを悟ることができれば、一心の広大なる水が静かに澄みわたるようなものです。静かに澄みわたった水には、あらゆるものの影がうつしだされるように、一心のみなもとにおわします仏は、すべての存在を如実に知ることができるのです。人びとはこの道理を知らずに迷いの世界に輪転してとどまることなく、人びとは迷いの酒に酔いしれて、自心のみなもとを知ろうとしないのが現実です。

ここまでは、「第九極《ごく》無《む》自《じ》性《しょう》心《しん》」の冒頭で「今この心を釈するに二種の趣きあり。一には顕略趣、これは秘密趣なり」といいつつ、おおむね、顕略趣のみの解釈に終始しています。

極無自性心は、顕教でもっとも深い教え

いよいよ、ここから、極無自性心の意味の解釈にすすむことになります。実は、後出します『大日経』に、「極無自性心生ず」という、まさしく極無自性心の意味の解釈そのものの経文が示されますが、まずは空海の解説に耳を傾けることにしましょう。

大覚《だいがく》の慈父《じふ》、その帰路《きろ》を示したもう。帰路《きろ》は五百由旬《ゆじゅん》、この心はすなわち都亭《とてい》なり。都亭《とてい》は常の舎《いえ》にあらず。縁《えん》に随ってたちまちに遷移《せんい》す。遷移《せんい》定まれる処なし。この故に自性なし。諸法自性なきが故に、卑を去け、尊を取る。

（二―一八九、一九〇）

【口語訳】

慈父である大覚世尊は、その一心のみなもとに帰るべき道を指し示されたのです。その帰るべき道程は五百由旬ものながさがあります。いま、ここにいう心の境界は旅の宿のごときものです。旅の宿は常住なるさとりの家ではないのです。それは、何かの因縁によってたちまちに移り変わり、定まるところがないのです。よって、この境界には自性がないことになり、自性がないからかえって低きより高きにのぼることもできるのです。

以下は、「第九極無自性心《ごくむじしょうしん》」の核心にふれてきますので、詳しく吟味します。

故に真如受薫《しんにょじゅくん》の極唱《ごくしょう》、勝義自性《しょうぎじしょう》の秘告《ひごう》あり。

（二―一八九、一九〇）

まず、「真如受薫の極唱」とは、真如が無明の薫習《くんじゅう》（影響）をうけて随縁縁起して万法を生ずる、という主張です。これは顕教でもっとも深い教え、すなわち「極唱」であるということです。

また、「勝義無性《しょうぎむしょう》の秘告《ひごう》」とは、『菩提心論』の勝義段の、次の一文を背景として説かれたものと想定されます。

すなわち、「第九極無自性心」が、顕教の「極唱」であり、また密教へのうながしを秘めている、というわけです。
そこで読者の理解を深めていただくため『菩提心論』を引用し、口語訳を並べます。

真言行人が、無余《むよ》の衆生界《しゅうじょうかい》の一切衆生を利益し安楽する心を発《おこ》すものは、大悲決定するをもつて、永く外道・二乗の境界を起ゆ。また、喩伽《ゆが》勝上《しょうじょう》の法を修する人は、よく凡より仏位に入る者なり。また、十地の菩薩の境界を超ゆ」と述べてから、つづいて、「それ迷途《めいづ》の法は、妄想より生ず、ないし展転《ちんでん》して無量無辺の煩悩を成じ、六趣に輪廻《りんね》す。もし覚悟し已んぬれば、妄想止除し、種種の法滅《ほうめつ》するが故に自性なし。

【口語訳】

いま、真言行の実践者は、以上のように観察すべきです。また、すべての人びとの世界（衆生界）に住むすべての人びとを残りなく利益《りやく》し、安楽にしようとする心を発《おこ》す者は、大いなるあわれみの心が堅固であるから、永遠に仏教以外の教えや、声聞《しょうもん》・縁覚《えんがく》などの教えを超越することができるのです。また、こよなく勝れた瑜伽《ゆが》（密教の瞑想）の法を修める人は、迷える凡夫から仏の位に入ることができるのであり、また菩薩の十の修行段階（十地《じゅっち》）という深い境界すら超越することができるのです。

また、すべての存在するものには自らの本性がないのであると深く知るべきです。どうして自らの本性がないのでありましょうか。さきには相《すがた》のうえから自らの本性がないことを説いてきましたので、ここでは実体のうえから自らの本性がないことを検討することにしましょう。

そもそも、迷いの途上にある存在は、迷妄の想念から生じたもので、それが展開して量り知れず限りもない煩悩となり、それによって六つの迷いの生存のあり方（六趣《ろくしゅ》）をめぐりめぐっているのです。もしも、さとりを得ることができたならば、根本の迷妄の想念が除かれ、迷妄の想念がもととなって展開していたさまざまな存在は消えてしまうのです。だから自らの本性がないということになるのです。

顕教でもっとも深い教え「極唱」も、密教においては初心《しょしん》

そして、顕教でもっとも深い教え、すなわち「極唱」も、密教においては初心《しょしん》であるといい、次のように説いています。

一道を弾指《だんし》に驚し、無為を未極《みごく》に覚《さと》す。等空の心、ここにおいて始めて起り、寂滅の果、果還って因となる。この因、この心、前の顕教《けんぎょう》に望《のぞ》むれば極果《ごくか》なり。後《のち》の秘心《ひしん》においては初心《しょしん》なり。（一―一八九）

「一道を弾指《だんし》に驚し、無為を未極《みごく》に覚《さと》す」とは、文中に一道、無為とありますから「第八一道無為心」を指しています。一道無為心の境界は未極なるものであると知らされ、驚かされた、というわけです。さらに、「等空の心ここにおいて始めて起り、寂滅の果、果還って因となる」とは、虚空に等しい広大なる心の世界が拓かれて、それを寂滅の果ともいうことができましょうが、その極果がかえって密教への因にほかならない、というのです。そして「顕教《けんぎょう》に望《のぞ》むれば極果《ごくか》なり。後《のち》の秘心《ひしん》においては初心《しょしん》なり」とは、顕教にあっては究極の教え（極果《ごくか》）であるけれども、密教（後の秘心《ひしん》）にあっては初心であると説きます。

さらに、『華厳経』の教えにふれて、

初発心《しょほっしん》の時に、便ち正覚《しょうかく》を成ずること、よろしくそれしかるべし。初心の仏、その徳不思議なり。万徳はじめて顕われ、一心やや現ず。この心を証する時、三種世間はすなわちわが身なりと知り、十箇の量等はまたわが心なりと覚《さと》る。
（一―一九〇）

【口語訳】

『華厳経』に、「初発心のときに、すなわち正覚を成ずる」とありますが、まさしくそのとおりです。このごとき初心の仏といっても、その徳は不思議というよりないのです。その初心に、すべての徳相が始めてあらわれ出て、そして密教への心もわずかにきざしてくるのです。

もし、この極無自性心を証《さと》ることができれば、三種世界、すなわち、衆生界・器世間界、仏界のすべてをつらぬき、一切の存在のすべてに遍在する法身仏こそが、私の身であり、私の心であると悟るのです。

『華厳経』の大意

次に空海は、ルシャナ仏が初めて成道したとき、普賢菩薩などの大菩薩たちに、この極無自性なる義、すなわち『華厳経』を説かれたことを示します。さらに『華厳経』の教説の概略を示し、あわせて華厳宗の立場を紹介します。

盧舎那仏《るしゃなぶつ》、始め成道《じょうどう》の時、第二七日に普賢《ふげん》等の諸大菩薩等と広くこの義を談じたまえり。これすなわちいわゆる『華厳経《けごんきょう》』なり。

しかればすなわち華蔵《けぞう》を苞《か》ねてもつて家となし、法界を籠《こ》めて国となす。七処に座を荘《かざ》り、八会《はちえ》に経を聞く。この海印定《かいいんじょう》に入って法性《ほっしょう》の円融《えんゆう》を観じ、彼の山王《せんのう》の機《き》を照して心仏《しんぶつ》の不異《ふい》を示す。九世《くせ》を刹那《せつな》に摂《しょう》し、一念《いちねん》を多劫《たごう》に舒《の》ぶ。一多相入《いったそうにゅう》し、理事相通《りじあいつう》ず。帝網《たいもう》をその重重《じゅうじゅう》に譬《たと》え、錠光《じょうこう》をその隠隠《いんいん》に喩《たと》う。ついんじて覚母《かくぼ》について発心《はっしん》し、普賢《ふげん》に帰して証果す。三生《さんしょう》に練行《れんぎょう》し、百城《ひゃくじょう》に友《とも》を訪《とぶら》う。一行に一切を行じ、一断に一切を断ず。初心に覚を成じ、十信に道円《まどか》なりというといえども、因果《いんが》異ならずして五位《ごい》を経て車《くるま》を馳《は》せ、相性殊《そうしょうこと》ならずして十身《じっしん》を渾《ひた》げて同帰《どうき》す。これすなわち華厳三昧《けごんざんまい》の大意《たいい》なり。（一―一九〇）

【口語訳】

ルシャナ仏が初めて悟りを開いたとき、二週間後（第二の七日）に普賢菩薩などの大菩薩たちに、『華厳《けごん》経《きょう》』を説きました。

すなわち、ルシャナ仏は蓮華蔵世界《れんげぞうせかい》をつつみこんで家とし、法界をこめて国とされたのです。そして人間界の三処（菩提道場《ぼだいどうじょう》・普光法堂《ふこうほうどう》・逝多林《ぜいたりん》）と、天上界の四処（忉利天《とうりてん》・夜摩天《やまてん》・兜率天《とそつてん》・他化自在天《たけじざいてん》）をもうけ、八会（普光法堂では二度）に『華厳経』を開説されました。

海印定三昧に入ったルシャナ仏は、真実なるものがたがいにとけあっているさまを観念し、深い教えを直ちに領解することのできる人に、私と衆生と仏とが本来相違するものではないことを示しました（「性起品」）。また、過去・現在・未来の各々に過去・現在・未来をそなえている時間を刹那に込め、一念を永い時間にのばして自由自在であること（「離世間品」）や、一と多とが相入し（「盧舎那仏品」等）、インドラ網が重々にかかわり、灯火がたがいにさまたげることなく、さかんであること（「仏小相光明功徳品」）、や善財童子がはじめ文殊菩薩について発心し、普賢菩薩によってさとりを得ることができたこと（入法界品）などを、説きます。

また善財童子は、見聞・解行・証人生の三生において練行し、百城に善知識を訪い、一行に一切行をなし、一つの煩悩の滅によって一切発心に正覚を成し、初行において仏道を円満するといわれますが、因と果とが異ならないということのうえに、修行の行位を立てて華厳の教えを馳せ、相と異ならないということのうえに、如来の十種もの徳をかぞえあげ、それらのすべてをルシャナ仏一身に帰してしまうのです。これが華厳三昧の風光です。

『大日経』と善無畏三蔵《ぜんむいさんぞう》の『大日経疏』

このように、『華厳経』の大意について概説したあとに、さらに「第九極無自性心《ごくむじしょうしん》」は華厳経を摂し尽くしたものです、として『大日経』と、『疏』の文をあげています。


故に大日如来、秘密主に告げてのたまわく、「いわゆる空性《くうしょう》は根《こん》と境《きょう》を離れて、相《そう》もなく、境界《きょうかい》もなし。もろもろの戯論を越えて虚空《こくう》に等同《とうどう》なり。有為《うい》、無為界《むいかい》を離れ、もろもろの造作《ぞうさ》を離れ、眼・耳・鼻・舌・身・意を離れて、極無自性心生ず」と。

善無畏三蔵《ぜんむいさんぞう》の説かく、「この極無自性心の一句は、ことごとく『華厳教』を摂し尽す」と。ゆえいかんとなれば、華厳の大意は、始を原《たず》ね、終を要《もと》むるに真如法界・不守自性・随縁の義を明す。

（一―一九〇、一九一）


【口語訳】

そこで、大日如来は秘密主に告げられた。「いわゆる、空性とは、感覚器官と、その対象とを離れており、すがたも、そして対象世界も無いのです。もろもろのあやまった見解にもとづく理解をこえて、虚空なるものと等同なのです。もろもろの変化する縁起のなかのものも、変化しない無為なものとの対立を離れ、もろもろは創造されたものであるという考えを離れ、眼・耳・鼻・舌・身・意の感覚器官とその対象、そしてそれぞれの自覚というものからも離れているのです」と。

善無畏三蔵は、それを「この極無自性心の一句に、ことごとく華厳教の大意が摂しつくされています」と述べています。それはなぜかといえば、『華厳経』の大意は、始めをたずね、終わりをもとめるに、真如法界は常に自性にとどまることなく、因縁にしたがって、たえずあらゆるものに具現しているのである、という意義を明らかにしているからです。

華厳宗の初祖と相承

次に華厳宗の相承の問題を取り上げます。

杜順《とじゅん》和上は、此の法門に依つて『五教華厳三昧《ごきょうけごんざんまい》』、『法界観《ほっかいかん》』等を造り、弟子の智儼《ちごん》相続し、智儼の弟子の法蔵《ほうぞう》法師はまた五教を広して、『旨帰《しき》』『綱目《こうもく》』および『疏《しょ》』を作れり。すなわち此れ華厳宗の法門の一一の義章なり。（一―一九二）

華厳宗の初祖の杜順《とじゅん》（五五九～六四〇）には、『法界観門《ほっかいかんもん》』、『華厳五教止観《けごんごきょうしかん》』の著作があります。第二祖の智儼《ちごん》（六二〇～六六八）には、『華厳教捜玄記《けごんきょうそうげんき》』十巻、『華厳孔目章《けごんくもくしょう》』四巻、『華厳五十要問答』二巻の著述があります。

第三祖の法蔵《ほうぞう》（六四三～七一二）には『華厳経探玄記《たんげんき》』二十巻、『華厳経旨帰《しき》』一巻、『華厳五教章』四巻、『遊心《ゆうしん》法界記《ほっかいき》』一巻、『起信論義記《きしんろんぎき》』五巻等の著述があり、これらの人びとにより華厳学は発展・展開しました。

詩文による「第九極無自性心《ごくむじしょうしん》」のまとめ

ついで、詩文による「第九極無自性心《ごくむじしょうしん》」のまとめをあげます。

風水竜王《ふうすいりゅうおう》は一法界《いっぽうかい》なり、
真如生滅《しんにょしょうめつ》この岑《みね》に帰す。
輪華《りんげ》よく体大《たいだい》等を出だす。
器《き》・衆《しゅう》・正覚《しょうかく》極《きわ》めて甚深《じんしん》なり。
縁起《えんぎ》の十玄《じゅうげん》は互《たが》いに主伴たり、
五教の呑流《どんる》するは海印《かいいん》の音《おと》なり。
重重無礙《じゅうじゅうむげ》にして帝網《たいもう》に喩《たと》う、
隠隠《いんいん》たる円融《えんゆ》は錠光《じょうこう》の心《しん》なり。
華厳三昧《けごんざんまい》は一切の行なり、
果界《かかい》の十尊《じっそん》は諸刹《しょせつ》に臨《のぞ》めり。
この宮に入るといえども初発の仏なり、
五相成身《ごそうじょうしん》追《お》つて尋ぬべし。

この詩文は十二句によって構成されていて、それぞれ四句ずつでまとめられています。最初の四句は華厳の世界観を述べ、第二の四句は華厳教学の中心課題である「重重無礙《じゅうじゅうむげ》にして帝網《たいもう》の喩《たとえ》」を示し、第三の四句の前半二句は「華厳三昧の一行が即一切行」であって、華厳の教主ルシャナ仏が十方に応現することを説き、後半の二句の中に、極無自性心は初発心の仏の境界であって、密教の五相成身観はさらに深く探索すべし、とうながしております。

極無自性心の典拠の比較

さて、「第九極無自性心《ごくむじしょうしん》」の最初に、「今この心を解するに二種の趣きあり。一には顕略趣、二には秘密趣なり」とありましたが、この詩文の最後で、密教（五相成身観）へのうながしを記しています。続いて『大日経』、『金剛頂経』、そして『守護国界主陀羅尼経』の引証は、もっぱら秘密趣の極無自性心の典拠としてあげられましたが、その同じ文が再び引用されております。比較すると、引用文を少しずらしていることがわかります。

いわゆる空性は、根と境を離れて、相もなく境界もなし。もろもろの戯論を越えて虚空に等同なり。有為無為界を離れ、もろもろの造作を離れ、眼・耳・鼻・舌・眼・耳・意を離れて極無無自性心生ず。（一一一九〇）

有為無為界を離れ、もろもろの造作を離れ、眼・耳・鼻・舌・身・意を離れて極無自性心生ず。等虚空無辺の一切の仏法これによって相続して生ず。秘密主、か

くのごとくの初心をば、仏成仏の因と説きたもう。業煩悩において解脱すれども、しかも業煩悩の具依たり。（二─一九二）

すなわち、上段の部分は、極無自性心を結語としており、下段では、「等虚空無辺の一切の仏法これによつて相続して生ず」とありますから、極無自性心以後の密教を等虚空無辺の一切の仏法とかさねて解していることがあきらかです。

筏《いかだ》に遇うて彼岸に達しぬれば法すでに捨つべし。自性なきが故に

次の『金剛頂経』の引用は、五相成身観に導びくためのものです。『守護国界主陀羅尼経』の引用は、唵字は一切の法門、八万四千の法門の宝炬関鎖《ほうこかんさ》であり。毘盧遮那の真身であり、一切の陀羅尼であることを明言しているものです。残念ながらこれらの引証の文は割愛します。

つづいて、『菩提心論』と『釈摩訶衍論』が引用されます。まず『菩提心論』の言葉として、「迷いは有りもしないものを有ると思いこむ妄想によって引き起こされ、その妄想が妄想を呼び集め、地獄・餓鬼・畜生・阿修羅人・天の六道を輪廻する原因となるのです。悟りを得れば、妄想は排除されます」と説き、「諸仏は凡夫の悩みや病気に応じて薬となる教えを施してくれるのです。そして筏に乗って彼岸に達すれば、筏（法・教え）はすでに捨てるべきものです。筏（法・教え）は方便であり、筏そのものに自性はないのですから」と説きます。

竜猛の『菩提心論』にいわく、「それ迷途の法は、妄想より生ず。乃至、展転して、無量無辺の煩悩を成じて六趣に輪廻す。もし覚悟しおわんぬれば妄想止除して種種の法滅す。故に自性あることなし、またつぎに、諸仏の慈悲は真《しん》より用《ゆう》を起して、衆生を救摂《きゅうしょう》したもう。病に応じて薬を与え、もろもろの法門《ほうもん》を施《ほどこ》して、その煩悩に随つて迷津《めいしん》を対治す。筏《いかだ》に遇うて彼岸に達しぬれば法すでに捨つべし。自性なきが故に。乃至、妄もし息む時んば心源空寂なり。万徳ここに具し、妙用《みょうよう》無窮《むきゅう》なり。この心を具するものよく法輪を転じて自他倶に利す」と。（一―一九五）

【口語訳】

竜猛菩薩は『菩提心論』で述べています。「およそ迷いの世界のすべての存在は、妄想を原因として、次々にかぎりない迷いを生じ、この迷いによって六道に輪廻しているのです。もしも、さとりを得ることになれば、妄想はたちどころに除かれて、迷いの世界の種々なる相が滅するのです。それゆえに、自性があるわけではないのです。

またつぎに、諸仏は真如より慈悲の働きをおこし人びとを救うのです。病に応じて薬を与えるように、諸々の教えを施して、人びとの煩悩にしたがって迷いの世界を対治するのです。筏に乗ってさとりの岸についてしまえば、その筏（教）はすでに捨てるべきです。自性がないのですから。

迷いがなくなったときには、心の本源は空寂です。ここによろずの徳がそなわり、妙なる働きは極まることがないのです。このような心のもち主こそが、教えを転じて、みずからも、他人をも利益することができるのです。

さらに、『釈摩訶衍論』が引証されます。「もとより清らかな悟り（性浄本覚《しょうじょうほんがく》）は、三つの世界（衆生世間・器世間・智正覚世間）の中にあります。この三つの世界に良い香りが染み込む（熏習《くんじゅう》）ように、一大法身（大日如来）の教えが最も深いところまで染み込み、究極の悟りを実現（因熏習鏡）するのです」と、解き明かしていきます。

またいわく、「性浄本覚《しょうじょうほんがく》は三世間の中に皆ことごとく離れずして、かの三を熏習《くんじゅう》して一覚となして、一大法身の果を荘厳す。この故に名づけて因熏習鏡とす。いかんが名づけて三種世間とする。一には衆生世間、二には器世間、三には智正覚世間なり。衆生世間とは、いわく異生性界なり。器世間とはいわく、所依止の土なり。智正覚世間とは、いわく仏菩薩なり。これを名づけて三とす。

この中の鏡とは、いわく輪多梨華鏡《りんたりげきょう》なり。輪多梨華《りんたりげ》を取つて、一処に安置して、あまねく人を集むるに、この華の熏によつて、一切の諸物みなことごとく明浄なり。また明浄の物、華の中に現前してみなことごとく余なく、一切の諸物の中にかの華現前《はなげんぜん》してまた余なきがごとく、因薫習鏡《いんくんじゅうきょう》もまたかくのごとし。一切の法を薫じて清浄覚《しょうじょうかく》となしてことごとく平等《ぎょうどう》ならしむ」と。

（一―一九五、一九六）

ここで述べられている主題は、性浄本覚は三世間の中に遍在していて、一大法身の果を荘厳する、ということです。三世間については、『即身成仏義』（一―四八）において、六大能生、所生は三種世間・四種法身という関係にあることを詳説しています。ここでいう一大法身とは、空海にとってそれはまぎれもなく大日如来であったはずです。『即身成仏義』に「六大法界体性所成の身」といっているそれです。これは如来と私とが同時に表現されているのです。

「源源のさらなる源、遠遠のさらなる遠なり」という深い境地

さて、最後に再び『釈摩訶衍論』からの五重問答の第四問答が引証され、結論とされています。

問う、かくのごときの一心の本法は、至極の住心か。
竜猛菩薩の説かく、「三自《さんじ》一心《いっしん》の法は、一も一なること能わず。能入の一を仮る。心も心なること能わず、能入の心を仮る。実に我の名にあらざれども我になづく。また自の唱えにあらざれども自に契《かな》えり。我の如く名を立つれども実の我にあらず。自のごとく唱を得れども実の自にあらず、玄玄《げんげん》のまたの玄《げん》、遠遠《おんおん》のまたの遠《おん》なり。かくのごときの勝処《しょうしょ》は無明《むみょう》の辺域《へいいき》にして明《みょう》の分《ぶん》位にあらず」と。　（一―一九六）

【口語訳】

問　このように一心に集約される法は、究極なる悟りのありようなのでありましょうか。竜猛菩薩は『釈摩訶衍論』巻五において、「ものの本質と、すがたと、はたらきとを一心にそなえているという法体は、一といっても一でなく、一というものを仮に、一としてあらわし、心も一であることはなく、心というものを仮に、心としているにすぎないのです。実に我という名ではないけれども、しばらくは我と名づけるのです。

また、三自（身・口・意）を「われ」といったとしても、実の「われ」と名づくべきではなく、仮に「われ」と名づけたのです。「われ」のごとくに名を立てたとしても実の「われ」ではないのです。また「われ」を「自」と云ったとして、それは実の「自」ではないのです。このような深い境地は悟りの世界（他

界）なのでありましょうか、そうではないのでしょうか。「源源のさらなる源、遠遠のさらなる遠なり」という、このような深い境地ですら、いまだに迷いの世界にとどまっているのであり、悟《さと》りの一部分ですらないのです。

さて、第六他縁大乗心から第九極無自性心まで、『釈摩訶衍論』の五重問答の第一問答から第四問答が、それぞれ引用され、第一問答が法相宗、第二問答が三論宗、第三問答が天台宗、第四問答が華厳宗の教義にかなうものとして位置づけられてきました。

はたして『釈摩訶衍論』がそのように解釈をしていたものか、あるいは空海が深い考察から引用したのでしょうか。興味深い問題の一つです。

「第九極無《ごくむ》自《じ》性心《しょうしん》」の詩文

例によって、「第九極無《ごくむ》自《じ》性心《しょうしん》」の詩文です。上段に原文の書き下し文を、下段に口語訳を示します。

原文	口語訳
第九　極無自性心	
水は自性無し、	水に自性がなく、
風に遇いて即ち波たつ。	ただ風によって波がたつのです。
法界は極に非ず。	法界はいまだ究極なものではないとして、
警《いましめ》を蒙《こうむ》りて忽《たちま》ちに進む。	さらに深い世界へ進みます。

ついに「第十秘密荘厳心」へ

いよいよ、次に「第十秘密荘厳心」へ進みます。『秘蔵宝鑰』の最終段階です。ここで、先にあげました十二句で構成された総括の詩文の、最後の二句に、改めて注目しておきましょう。

此の宮に入ると雖も初発の心なり
五相成身、追つて尋ぬべし。

11.「十住心体系」と「レイヤー」

空海は、動物的な生活に終始する心から、儒教や道教、大乗仏教の深奥の「真言密教」までを鳥瞰し、その宗教心の発達過程を十段階に分け、「第一異生羝羊心」から「第十秘密荘厳心」に至る「十住心体系」を確立しました。第四住心からの道程は、まぎれもなく空海自身の真摯な仏教求道の軌跡を示しています。

この空海独自の教相判釈ともいわれる「十住心体系」の展開を見るとき、最新の先端技術との驚くべき類似性を感じます。それはコンピュータグラフィックの「レイヤー（layer）」の概念と技術です。

レイヤー（layer）は層や階層を意味する言葉で、コンピュータのグラフィック・ソフトウェア搭載の機能として知られ、現代では自在に活用されています。画像を透明なものと仮定し、独立した各レイヤーを完成させ、何枚も重ね合わせて、最後に全てのレイヤーを統合して一つの作品を作り上げます。

十住心を一〇枚のレイヤーとして、一〇枚のレイヤーを統合したのが「第十秘密荘厳心」と考えるとき、壮大で奥深い映像が浮かび上がります。空海の十住心理解の新しい入口のように思われます。（Y）

12　第十　秘密荘厳心《ひみつそうごんしん》 ——秘密荘厳の扉を開く心

「第十秘密荘厳心《ひみつそうごんしん》」の「荘厳《そうごん》」とは

いよいよ「第十秘密荘厳心《ひみつそうごんしん》」です。秘密荘厳《ひみつそうごん》は、『大日経』住心品第一に説かれる大日如来の身・口・意の三無《さんむ》尽荘厳蔵《じんそうごんぞう》を奮迅示現《ふんじんじげん》することから着想を得たにちがいありません。『大日経疏』に「荘厳《そうごん》」を解説しています。

いわく、一平等の身より普ねく一切の威儀《いぎ》を現ず、かくのごとくの威儀は密印《みっちん》にあらざることなし。一平等の語より普ねく一切の音声を現す。かくのごとくの音声は真言《しんごん》に非ざることなし。一平等の心より普ねく一切の本尊を現ず。かくのごとく本尊は三昧《ざんまい》に非ざることなし。しかれどもこの一一の三業差別《さんごうしゃべつ》の相は皆辺際《へいざい》なし。度量《どりょう》すべからず。故に「無尽荘厳」と名づくるなり。（一―五六二）

大日如来の身・語・心にわたる三密活動のことで、よって、この文章は次の如く整理できます。

一平等の身――一切の威儀――密印
一平等の語――一切の音声――真言
一平等の心――一切の本尊――三昧

このことは、そのままに、『即身成仏義』の三密加持の定義にむすびつきます。

三密《さんみつ》とは、一には身密《しんみつ》、二には語密《ごみつ》、三には心密《しんみつ》なり、法仏《ほうぶつ》の三密《さんみつ》は甚深微細《じんしんびさい》にして等覚十地《とうかくじっち》も見聞《けんもん》すること能《あた》わず、故に密《みつ》という。一一の尊等《そんひと》しく刹塵《せつじん》の三密《さんみつ》を具して互相《たがい》に加入《かにゅう》し、彼此摂持《ひししょうじ》せり。衆生《しゅじょう》の三密《さんみつ》もまたかくのごとし。故に三密加持《さんみつかじ》と名づく。もし真言行人《しんごんぎょうにん》あってこの義《ぎ》を観察《かんざつ》して、手に印契《いんげい》を作《な》し、口《くち》に真言《しんごん》を誦《じ》し、心三摩地住《こころさんまじじゅう》すれば、三密相応《さんみつそうおう》して加持《かじ》するが故に、早《はや》く大悉地《だいしっち》を得《う》。（一―五二）

【口語訳】

三密とは、一には仏の身体、二には仏の言葉、三には仏の意《こころ》のことです。法身大日如来の身体・言葉・意の活動のさまは、甚深で微細であって深い悟りの境地にいる聖者も見聞することができないのです。よって三密といったわけであります。一つ一つの尊者たる仏は、等しく微塵ほどの三密をそなえており、互相《たがい》に加入し、彼と此とが摂持《しょうじ》しています。衆生の三密もまったく同じです。よって三密加持というのです。もしも真言行を修する行者が、この意味を観察して手に印契をむすび、口に真言を誦し、意を禅定にこらせば、まさしく仏の三密と衆生の三密とが相応し、加持が実現し、必ず深い悟りの境界が開かれるのです。

実は「秘密荘厳」とは仏の現れ出たさまにほかなりません。「奮迅示現《ふんじんじげん》」とあるゆえんです。

「第十秘密荘厳心」のまとめの詩文

さて、「第十秘密荘厳心」の解説の仕方が、これまでの第一住心から第九住心までの方法と相違し、最初に詩文によるまとめをかかげています。それは次のごとくで、まさしく真言密教が端的に述べられています。書き下し文と口語訳を示します。

九種《くしゅ》の住心《じゅうしん》は自性《じしょう》無《な》し、
転深転妙《てんじんてんみょう》にしてみな是れ因《いん》なり。

【口語訳】

第一住心から第九住心までの九種の住心は自性が無く、だんだんと後の深妙なる教えに進むのです。よって第十住心から見るならば、みな因ということになるのです。

真言密教は法身の説、
秘密金剛は最勝の真なり。

【口語訳】

真言密教の教えは、法身大日如来の説いたものであり、秘密金剛の教えは、最勝にして真実なるものであります。

五相五智法界体、
四曼四印この心に陳ず。

【口語訳】

五相成身観、五智、六大体大説、四種曼荼羅、四種智印は、みなこの住心に説かれています。

刹塵《せつじん》の渤駄《ぼだ》はわが心の仏なり、
海滴の金蓮はまたわが身なり。

【口語訳】
微塵のごとき仏部の諸仏はみなわが心の仏であり、海水の一滴のごとき無限なる金剛部や蓮華部の諸仏はみなわが身にそなわっているのです。

一一の字門万象を含み、
一一の刀金みな神を現ず。

【口語訳】
阿《あ》などの五十字門の一つ一つの文字に、無量の真実が示され、刀剣や金剛杵の一つ一つに神通力がこめられているのです。

万徳の自性輪円して足れり、
一生に荘厳の仁を証することを得べし。　（一―一九六、一九七）

【口語訳】
よって、われわれの身・心にあらゆる仏の徳がそなわっており、この世において秘密荘厳なる仏になることができるのです。

ここに真言密教の主要な教義の項目が紹介されています。「五相」とは、通達菩提心・修菩提心・成金剛心・証金剛身・仏身円満の五相を次第して観念する禅定のことで、けっきょく仏心円満によって行者が仏と一つになるという五相成身観といわれるもので、『金剛頂経』に説かれているものです。「五智」とは、法界体性智《ほっかいたいしょうち》・大円鏡智《だいえんきょうち》・平等性智《びょうどうしょうち》・妙観察智《みょうかんざっち》・成所作智《じょうそさち》のことで、大日如来の内証の智慧のことです。他に六大体大、四種曼荼羅・四種の智印は、金剛部と蓮華部と仏部の諸仏菩薩はすでにわが身と心の仏であり、阿《あ》などの五十字門の一つ一つには、無量の真実が内在され、刀剣・金剛杵の一つ一つに神通力が内蔵されているのです。そして、結論として、私たちの身・心にはあらゆる仏の徳が円満しそなわっており、この生において秘密荘厳の仁（仏）となることができます、と結論しております。

大日如来がさとった法界そのものを体得した境地

そして、このことの引証として、『大日経』から三種の文が引用されています。なかでも注目すべきは第二番目の引証の中にある次の詩文で、毘盧遮那世尊が一切如来一体速疾力三昧に入って、自証の法界体性三昧を説いたものです。すなわち、大日如来が人びとと如来とが同一体にして速疾なる力の三昧に入り、みずからさとった法界そのものを体得した境地を説いたものです。

われ本不生《ほんぷしょう》を覚り、語言《ごごん》の道を出過《しっか》し、諸過解脱《しょかげだつ》することを得、因縁《いんねん》を遠離《おんり》し、空は虚空に等しと知って、如実相の智生ず。

【口語訳】

私は空（本不生）と覚った、その空の世界は、言語による表現をはるかにこえており、もろもろの煩悩から
の解脱を完成しているのです。因と縁とによって成りたつとされる相待的な束縛の世界から離れ、空とい
われる境界は虚空と等しいものと知って、真実なるものをあるがままに観ることのできる智慧が生じまし
た。

というものです。そして、次の引証文にも「百字輪や十二字などの真言密教の観法である三摩地の教説・金剛界
マンダラの三十七尊や四智印などの三摩地の教え」が述べられ、これらはすべて大日如来の秘密三摩地である、と
云っております。

要するに、空海が云うところの密教とは、実に大日如来の秘密三摩地そのものであるというのです。

密教がもつ実修体系の基本

次に『菩提心論』の三摩地段の全文が引用され、密教がもつ実修体系の基本が次のように羅列されています。

（1）　大菩提心と月輪観

（2）　五智、五仏と四波羅蜜

（3）　十六大菩薩と般若の十六空

（4）　月の十六分（月輪観）

（一—一九八）

204

（5）阿字本不生と阿字の五転

（6）阿字観

これらは、金剛界マンダラを本尊とし、それぞれ部分に焦点をあわせて観念を集中するものです。金剛界マンダラ上の全ての仏菩薩は、すべて月輪の内に描かれております。五智とは中央大日如来の心集中によって得られるものです。それは中心の大日如来と四方に位置される四仏の総称です。また、四波羅蜜とは四波羅蜜菩薩のことで、中心の大日如来の四方に位置している菩薩です。

また、十六大菩薩とは、四方四仏のまわりに展開しております四×四＝十六大菩薩のことです。阿字とは、まさしく金剛界マンダラの中心大日如来をあらわしています。阿字はまた菩提心をあらわし、その形は月輪のごとし、というのですから、まさしく、三摩地法の実際は金剛界マンダラの全体にわたって心集中がなされるものであると考えられるわけです。

すなわち、密教のマンダラは、ただ本尊として礼拝するのではなく、心集中のための、すなわち密教実修法の対象として重要な意味があることを注意しておきたいと思います。しかし、ここでは紙数の関係もあり、これら観法の実習にわたる記述は割愛します。

三密行《さんみつぎょう》と五相成身観《ごそうじょうしんかん》

ついで、三密行《さんみつぎょう》についての言及があります、密教の行を三密行とも云うのです。

およそ瑜伽観行《ゆがかんぎょう》を修習《しゅうじゅう》する人《ひと》はまさにすべからく、つぶさに三密《さんみつ》の行《ぎょう》を修《しゅう》して五相成身《ごそうじょうしん》の義《ぎ》を証悟《しょうご》すべし。

（一―二〇二）

【口語訳】

およそ瑜伽《ゆが》の観想を実修する人は、まさに具体的に三密（身・口・意にわたる仏の行為）の行を実践し、五つの相の観想を次第に実修して、仏身を自身に現成させるべきです。

そして、次に三密行と五相成身観を、それぞれ説明することになります。内容は、「第十秘密荘厳心《ひみつそうごんしん》」の冒頭で説明しました『即身成仏義』の三密加持の定義と同様のものです。

言うところの三密《さんみつ》とは、一に身密《しんみつ》とは、契印《げいいん》を結んで、聖衆《しょうしゅう》を召請《しょうせい》するがごときこれなり、二に語密《ごみつ》とは、密《ひそ》かに真言を誦して、文句をして了了分明ならしめて謬誤《びゅうご》無きが如きなりこれなり。三に意密《いみつ》とは、瑜伽に住して白浄月《びゃくじょうがつ》の円満《えんまん》に相応《そうおう》し、菩提心《ぼだいしん》を観ずるがごときなり。（一―二〇三）

【口語訳】

いわゆる三密行とは、一つには身密で、手に印を結んで仏・菩薩などの聖者たちを招くのです。二つには語密で、ひそやかに真言をとなえ、その文句を深く完全に明らかにして誤りがないようにするのです。三つには意密で、瑜伽に深く入り、まどかで白く清らかな月輪と相応する菩提心を観想するのです。

これら密教実修の基本ともいうべき三密行を修して、五相成身観《ごそうじょうしんかん》に徹底すべきとしています。この五相成身観は、『金剛頂経』に説かれているもので、密教を代表する観法の一つです。

つぎに五相成身観《ごそうじょうしんかん》を明さば、一には是れ通達心《つうだつしん》、二には是れ成菩提心《じょうぼだいしん》、三には是れ金剛心《こんごうしん》、四には是れ金《こう》剛身《ごうしん》、五には是れ無上菩提を証して、金剛堅固《こんごうけんご》の身《しん》を獲《う》るなり。しかもこの五相、具《つぶさ》に備《そなわ》ればまさに本尊の身と成る。その円明《えんみょう》は則ち普賢の身なり。またこれ普賢《ふげん》の心なり。十方の諸仏と同じ。またすなわち三世の修行は、証に前後有れども、達悟《たつご》に及び已《おわ》んぬれば去《きょ》・来《らい》・今《こん》なし。

（一―二〇三）

【口語訳】

次に五相成身観《ごそうじょうしんかん》を解説しますと、第一は通達菩薩心で、自心は月輪なりと観ずるのです。第二は修菩提心で、心の自性は清浄光明なりと観じ、第三は成金剛心で、月輪の中に金剛の形を観じ、第四は証金剛身で、金剛界大日如来が行者の中に入りこみ、金剛界の灌頂を受け、金剛界菩薩となり、第五は仏身円満で、行者と如来の身体とが一つになる、と次第して修する観法です。

そして、この五相が完全にそなわれば、本尊の身となるのです。その完全にして明らかなるものこそが、大日如来となるべき当体そのものであり、すべての仏たちと同一なるものです。ですから、三世にわたる修行に前後があったとしても、悟りの境界にいたれば過去・現在・未来ということはないのです。

さらに、前述の「本尊の身を証する」ということの前提について、次のように述べております。

凡人《ぼんじん》の心は合蓮華《ごうれんげ》のごとく、仏心は満月《まんがち》のごとし。この観もし成《じょう》ずれば、十方国土のもしは浄《じょう》、もしは穢《え》。六道《りくどう》の含識《がんしき》。三乗の行位《ぎょうい》。および三世の国土の成壊《じょうえ》。衆生の業《ごう》の差別《しゃべつ》。菩薩《ぼさつ》の因地《いんち》の行相《ぎょうそう》、三世の諸仏ことごとく中において現じ、本尊の身を証して、普賢《ふげん》の一切の行願《ぎょうがん》を満足す。

（一―二〇二）

【口語訳】
凡夫の心はつぼみの蓮華のごときであり、仏心とは満月のごときものであるといいます。もしも、仏心の満月のごときであるという観行が実成すれば、十方国土の浄とか穢とかも、六道の有情についても、三乗教の行位の因・行・果でも、および三世の国土が成じたり、壊びたりすることでも、有情が自己の行為によって苦や楽という報いを受けることでも、菩薩の修行の段階における実践の相《すがた》でも、あるいは過去・現在・未来における諸仏など、これらのことごとくが心の月輪の中に現れてくるのです。そしてこれらのいずれもが本尊の身を得て普賢菩薩の一切の行願を満足するのです。

その直後に、『大日経』巻三　成就悉地品から、

是の如くの真実心は、故仏の宣説したもう所なり。（一―二〇三）

の文が引証され、駄目押しをしております。

三摩地門ついての問答

ここまで、瞑想法、禅定観、観法、瑜伽法などとよばれてきたものを、密教経典の表記にしたがい、空海は三摩地（サマーディ）という語を用います。そして、その言葉を展開して密教そのものを三摩地門と述べております。次の問答は、その三摩地の定義にかかわるものです。

問う、前の二乗の人は、法執あるが故に成仏することを得ずという。今、また菩提心を修せしむる三摩地といかんが差別なるや。

答う、二乗の人は法執《ほうしゅう》あるが故に久久《くく》に理《り》を証し、沈空滞寂《ちんくうたいじゃく》して限《かぎ》るに劫数《ごうすう》をもってし、しかして大心《だいしん》を発《おこ》しまた散善門《さんぜんもん》の中に乗じて無数劫《むしゅごう》を経《ふ》、この故に厭離《おんり》すべきに足《た》れり、依止《えし》すべからず。（一—二〇三）

【口語訳】

問　前に声聞と縁覚の人びとには、法のとらわれがあるから成仏することができないといいました。しかし今、また菩提心を修するための三摩地の法には、とらわれはないのでしょうか。そして、そこにどのような相違があるのでしょうか。

答　声聞と縁覚の人びとはすべての存在にとらわれがあるから、長い時間を費やしてとらわれを離れても、ただ、いたずらに空の世界に沈んで、さらに永い時間を費やすのです。そして、やっとそこから目覚めて大乗に向かう心をおこすことになりますが、成仏するのに、無限なる善行をたくさん積みあげて、実に長い長い時間を経なければならないのです。このような考えは、厭《いと》い離れて、決してそれによってはいけないのです。

密教の行者のための注意

そして、いよいよ、密教の行者のための注意ということになります。

今、真言行人《しんごんぎょうにん》は、すでに人《にん》・法《ほう》の上執《じょうしゅう》を破《は》して、よく正しく真実《しんじつ》を見るの智《ち》なりといえども、あるいは無《む》始《し》の間隔《けんきゃく》のために未だ如来の一切智智《いっさいちち》を証すること能《あた》わず、故に妙道を欲求し、次第を修持して、凡《ぼん》より仏位に入るものなり。すなわち、この三摩地とは、よく諸仏の自性に達し、諸仏の法身を悟り、法界体性智を証して大毘盧遮那仏の自性身・受用身・変化身・等流身を成す。いわく、行人未だ証せざるが故に、理よろしくこれを修すべし。

（一―二〇三）

【口語訳】

今、真言密教の行者は、すでに自我とすべての存在へのとらわれの上の極めて細かい煩悩を破し、正しく真実の世界をみる智慧を宿しているけれども、無始より凡夫と仏とを分けている微細な煩悩があるから、いまだに如来のまことの智慧を得られないでいるのです。ですから、密教の教えをもとめ、三摩地法を次第に修することによって、凡夫より如来の境地に入るのです。よって、この三摩地は、諸仏の内証に直入し、諸仏の境界を体得するのです。すなわち、法身大日如来の智慧を証して、すべての諸仏菩薩の仏身を成就するのです。いまだ仏智を獲得していない行者は、速やかにこの真実をわきまえて、三摩地の世界に至るための修行をなすべきです。

この文の中に「三摩地とは、よく諸仏の自性に達し、諸仏法身を悟り、法界体性智を証して大毘盧遮那仏の自性身・受用身・変化身・等流身を成ず」とありますが、『即身成仏義』では、次のごとく述べております。

かくのごとくの六大法界体性所成の身は、無障《むしょう》無礙《むげ》にして互相《たがい》に渉入相応し、常住不変にして同じく実際《じっさい》に住せり。故に頌に「六大無礙《ろくだいむげ》にして常に瑜伽《ゆが》なり」という。無礙《むげ》とは渉入自在の義なり。常《じょう》とは不動《ふどう》、不《ふ》壊《え》等の義なり。瑜伽《ゆが》とは翻《ほん》じて相応《そうおう》という。相応渉入《そうおうしょうにゅう》はすなわちこれ即《そく》の義なり。
（一―五〇）

【口語訳】

このような六大、究極的実在の当体は、さわりなく、さまたげることなくたがいにかかわり相応し、常にかわることなく同じく真実なる世界にあるのです。よって、詩文に「六大無礙にして常に瑜伽なり」というのです。〈無礙〉とは、たがいにかかわりあい自由であるという意味であり、〈常〉とは、不動であり不壊である等の意味です。〈瑜伽〉とは、翻訳すれば、相応ということで、たがいにかかわりあうということが〈即〉の意味です。

すなわち、この証明の文は「第十秘密荘厳心」における三摩地の定義に極めてかさなったものと考えられます。大毘盧遮那仏の身を成ずるとは、『即身成仏義』でいう、六大法界体性所成の身ということです。そして、その六大法界体性所成の身というもののあり方が、渉入相応・渉入自在・相応渉入、すなわち「真言行者と大毘盧遮那仏とが即《そく》でありります」と、『即身成仏義』が言いたかったにちがいありません。

三摩地の内景を説く「加持」

さらに、三摩地の内景を説くものに、「加持」があります。前述の「即」にかさなるわけでもありますが、『即身成仏義』に、すなわち、加持とは、如来の大悲と衆生の信心とを表す、仏日の影、衆生の心水に観ずるを加といい、行者の心・水よく仏日を感ずるを持と名づく。　（一―五五）

とありますのが実に深い体験から発せられた言葉であり、説明を必要としない明解な表現です。つづいて、三つの経文を引証して、菩提心のありかと、その功徳について述べております。

故に『大毘盧遮那経《だいびるしゃなきょう》』にいわく、「悉地《しっち》は心より生ず」と。『金剛頂瑜伽経《こんごうちょうゆがきょう》』に説くがごとし、「一切義成就菩薩《いっさいぎじょうじゅぼさつ》、初めて金剛座《こんごうざ》に坐《ざ》し、無上道《むじょうどう》を取証して、ついに諸仏のこの心地《しんち》を授《さず》くることを蒙ってしかしてよく果《か》を証す」と。およそ今の人、もし心決定《しんけつじょう》して教のごとく修行すれば、座《ざ》を起《た》たずして三摩地現前《さんまちげんぜん》し、ここにおいて本尊《ほんぞん》の身《しん》を成就すべし。　（一―二〇四）

この『大毘盧遮那経《だいびるしゃなきょう》』と『金剛頂瑜伽経《こんごうちょうゆがきょう》』の二つの経文から、心とか心地とかいうことは、ただの心ではなく、菩提心と解すべきです。また「悉地《しっち》」とは三摩地にほかなりません。共に本尊の身を成就する、ということが結論です。もう一つの引証の文は、次のごとくです。

故に『大毘盧遮那経供養次第法《だいびるしゃなきょうくようしだいほう》』にいわく、「もし勢力の広く増益するなくんば、法に住してただし菩提心を観ずべし。仏、この中に万行を具して、浄白純浄《じょうはくじゅんじょう》の法を満足すと説きたもう」と。この菩提心は、よく一切諸仏の功徳の法を包蔵《ほうぞう》するが故に、もし修証し出現すれば、すなわち一切の導師となる。もし本に帰すれば、すなわちこれ密厳国土なり。座を起たずしてよく一切の仏事を成ず。
（一―二〇四）

【口語訳】

ゆえに『大日経』供養次第法に、「もしも、人びとを救済することに勢力が充分でないのであれば、ただ三摩地に住して、菩提心を観念すべきです。仏はこの行にすべての修行がそなわっており、それによって浄白純浄なる法（菩提心）を満足することができると説かれています」と。

この菩提心は、すべての仏の功徳力を包み蔵しているのですから、真言行を修し、そのはたらきを実現するならば、すべての人びとを導く導師となります。もし、その菩提心の本源にたちかえるならば、この世間はそのままに秘密荘厳なる仏の国土となり、そのままで、すべての仏の救済のためのはたらきが完成することができるのです。

菩提心を讃する詩文

最後に有名な詩文があげられております。上段に原文の書き下し文を、下段に口語訳を示します。

若し人仏慧《ぶって》を求めて

菩提心に通達すれば

父母所生の身に

速に大覚の位を証す。

もし人あって仏の智慧を得ようとして、菩提心そのものに深く達せんとすれば、父母によって生まれたこの肉身に、速やかに大覚円満なる境地を証します。
（一―二〇四）

この菩提心を讃した詩文は、『即身成仏義』の最初に、即身成仏が可能であることを証するための二経と一論による、八箇の証文の一つとしても引用されている詩文です。

ここまでで『菩提心論』の三摩地段の全体が引用されたことになります。そもそも『菩提心論』の本義は、菩提心の行相を知ることです。その行相に、勝義・行願・三摩地があり、それを戒《いさめ》とすべきと述べています。菩提を求める人の心のありかたの最もすぐれた教えの意義（勝義）、人びとを救い、無上の菩提を求めるすぐれた行為を願い（行願）、すぐれた瞑想の境地（三摩地）を、三種菩提心とよんでいるのです。

真言教法の注意点と、十住心の体系

さらに、前掲の菩提心を讃じた詩文について、真言教法は「一一の声字、言名・句義、多字などに無辺の意味をそなえており、それは時間をかけて説いても尽きることがなく、声・字・実相の三義をそなえている一一の字も同じであり、字相・字義についても、浅略・深秘にわたることを説くことも簡単ではありません」と述べ、注意をうながしております。

さて、最後にいたって、

謹んで勧誡《かんかい》を承わんぬ。敢えて違越《いおつ》せず。（一―二〇五）

【口語訳】

真言の教えは、たやすく説いてはいけないといういましめをうけたまわりました。あえて、その注意にそむこうとは思いません。

と受けながら、「第十秘密荘厳心」の最初に掲げた「まとめの詩文（一二句）」の最初の四句を取り上げ、重ねて解説を求めています。それに答えて、「第一異生羝羊心《いしょうていようしん》から第九極無自性心《ごくむじしょうしん》までは、それぞれ仏の教えと主張するけれども悟りではなく、次々に心の世界を極め、この第十秘密荘厳心《ひみつそうごんしん》で深遠で深妙《じんみょう》となります」として、次のように教示します。

重《かさ》ねて請《こ》う、初の頌の文を示説《じせつ》したまえ。「九種の住心は自性なし、転深転妙《てんじんてんみょう》にしてみなこの因なり」とは、この二句は、前の所説の九種の心は、みな至極の仏果にあらず、と遮《しゃ》す。九種といっぱ、異生羝羊心、乃至、極無自性心これなり。中について初の一は、凡夫の一向悪行を行じて微少の善をも修せざるを挙ぐ。つぎの一は、人乗を顕し、つぎの一は天乗を表す。すなわちこれ外道なり。下《しも》、下界を厭《いと》い、上《かみ》、生天を欣《ねが》うて、解脱を願楽《がんぎょう》すれども、ついに地獄に堕《だ》す。已上の三心はみなこれ世間の心なり。未だ出世と名づけず。第四の唯蘊已後は聖果を得と名づく。出世の心の中に唯蘊《ゆいうん》・抜業《ばつごう》は、これ小乗教。他縁《たえん》以後は大乗の心なり。大乗において前の二は、菩薩乗、後の二は仏乗なり。

かくのごときの乗乗は、自乗に仏の名を得れども、後に望むれば戯論《けろん》となる。前前はみな不住なり。故に無自性と名づく。後後はことごとく果にあらず。故にみなこれ因という。転転相望《てんてんそうぼう》するに、各々に深妙《じんみょう》なり。ゆえに深妙という。

（一―二〇五、二〇六）

この説明は十住心の体系を述べたものであります。その構造図を示すと、次のようになります。

第一　異生羝羊心　凡夫の一向悪行を行じて微少の善をも修せず
第二　愚童持斎心　人乗
第三　嬰童無畏心　天乗
（人乗・天乗：外道）
（第一～第三：世間心）
第四　唯蘊無我心
第五　抜業因種心
（第四・第五：小乗教）
第六　他縁大乗心
第七　覚心不生心
（第六・第七：菩薩乗）
第八　如美一道心
第九　極無自性心
（第八・第九：仏乗）
（菩薩乗・仏乗：大乗）
第十　秘密荘厳心
（第四～第十：出世間心）

空海の『秘蔵宝鑰』の結語

第一異生羝羊心《いしょうていようしん》から第九極無自性心《ごくむじしょうしん》は、第十秘密荘厳心《ひみつそうごんしん》に対比すれば、いずれも戯論です。また、第一から第九までの住心は、各住心にとどまることなく、次の住心に移るので無自性であるとともに、第十秘密荘厳心《ひみつそうごんしん》の因といえるのです。さらに、密教が真言密教の教主（大日如来）によって説かれたことを示しています。

「真言密教は法身の説」とは、此の一句は真言の教主を顕《あら》わす。極無自性以外の七教は、皆なこれ他受用、応化仏の説くところなり。真言密教両部《りょうぶ》の秘蔵《ひぞう》は、これ法身大毘盧遮那如来、自眷属との四種法身、金剛

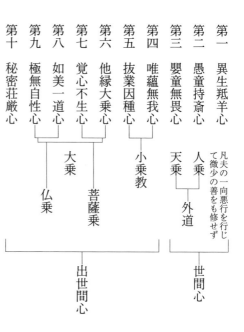

法界宮、および真言宮殿等に住して、自受法楽《じじゅほうらく》のゆえに演説したもうところなり。（中略）「秘密金剛は最勝の真なり」とは、此の一句は、真言乗教の、語乗に超えて究竟真実なることを示す。（一―二〇六）

【口語訳】

「真言密教は法身の説」の一句は、真言密教の教主をあらわしています。極無自性心以外の七教、すなわち第二心から第八心は、他受用身・応化身、すなわち修行によって悟りの当事者となった仏と、人びとの救済のために応現した仏の説かれた教えです。真言密教の『大日経』・『金剛頂経』の両部の経典は、法身大日如来が自己の眷属である四種法身（すべての）仏たちとともに、金剛法界宮や真言宮殿に住して自受法楽のために説法されたものです。

この「秘密金剛は最勝の真なり」の一句は、真言密教の教えが他のすべての教えを超えて、最もすぐれた真なる教えであることを示す、空海の『秘蔵宝鑰』の結語です。

「第十秘密荘厳心《ひみつそうごんしん》」の詩文

最後に、「第十秘密荘厳心《ひみつそうごんしん》」の詩文です。上段に原文の書き下し文を、下段に口語訳を示します。

第十　秘密荘厳心

顕薬は塵《ちり》を払い	一般仏教はただ心の塵を払うだけですが、
真言庫《くら》を開く。	真言密教は宝の蔵の扉を開く教えです。
秘宝たちまちに陳《ちん》じて	そこには秘密がたちまちにあらわれ、

万億《まんおく》すなわち証す。　あらゆる徳が証明されるのです。（一―一三二）

12. 空海の十住心体系の構想はいつからか

空海の著作のなかに、教相判釈論が二種類あります。教相判釈（略称、教判）は自己の教学によってたつ経典や注釈書を中心として、それ以外の立場をおのおのに位置づけ、体系化をはかることです。

空海の二種の教相判釈は、一つは「横《おう》の教判」といわれる『弁顕密二教論』で、もう一つが「竪《しゅ》（たて）の教判」といわれる本書『秘蔵宝鑰』（略論）と『秘密曼荼羅十住心論』（広論）です。「横の教判」とは、顕教と密教とを並べて比較検討したものであり、「竪の教判」とは第一住心より第十住心に向かって、宗教心を高めてゆく階梯《かいてい》を述べたものです。

十住心はむろん「竪の教判」でありますが、その教説の根拠は、主に『大日経』巻一、住心品第一に由来していることは、いうまでもありません。では、十住心思想は、どのような過程で体系づけられていったのでしょうか。まず、「諸《もろもろ》の有縁の衆に勧《すす》めて秘密の法蔵を写し奉るべき文」（『性霊集』第九巻所収）に、

「貧道《ひんどう》帰朝して多年を歴《ふ》といえども、時機未だ感ぜず。広く流布すること能《あた》わず。（中略）今、機縁を衆のために読講宣揚して仏恩を報じ奉らんと欲《おも》う。しかれども、なおその本多《おお》からず。法流擁滞《ようたい》す」（『弘法大師著作全集』第三巻三九〇頁）

とあります。この文末には弘仁六年（八一五）四月一日の記がありますので、空海四二歳の記録と考えられます。密教教論の流布を願うキャンペーンを全国に発しようとしていたときで、空海の側では、いよいよ密教の中核となる著述を作成するための、出発点となったものです。その文中に、

「華厳の地論には果分不可説と述べ、法華の止観には秘密不能伝と談ず。空論には第一義の中に言説なしと述べ、有宗には真諦《しんたい》の廃詮談旨《はいせんだんじ》を顕わす」

とあり、十住心体系の第九住心（華厳）、第八住心（天台法華）、第七住心（三論）、第六住心（法相）が順序立てて記述されていることに注目すべきです。

いうならば、空海が中国より帰国したのが三三歳とすれば、約一〇年ほど経過した四二歳の時までに、十住心体系の構想が出来上がっていたのではないだろうか、と想定されます。（F）

要語解説

顕教《けんぎょう》

顕教は理解しやすい教え、方便の教えといった意味です。真言密教ではすべての仏教を顕教と密教とに分けます。密教は仏の悟りの体験そのものを説いた真実の教えであるのにたいして、顕教は人々の機根（能力）に応じてさまざまな手段（方便）をもって説かれた権《かり》の教えであるとされ、顕教は密教よりも劣り浅い教えとされています。この顕教に属するのは真言密教以外の、小乗の声聞・縁覚の二乗、大乗の法相宗・三論宗・天台宗・華厳宗などです。

密教《みっきょう》

密教は秘密仏教のことで、密教以外の仏教を顕教《けんぎょう》といいます。ここでの秘密とは秘密主義、閉鎖的、非公開性のことを意味していません。空海は『弁顕密二教論《べんけんみっにきょうろん》』のなかで、衆生秘密と如来秘密の二義を説いています。衆生は迷いに覆われて自ら真実の悟りを隠してしまうので衆生秘密といい、未熟な者がこの真実の悟りに接すると誤解を生むので、大日如来は意識して、悟りを秘密にするので如来秘密といいます。そして、この悟りの秘密は三密瑜伽行（真言密教の修行）をもってこそ体得できると説きます。密教は秘密の教えというものの、その秘密はつねに公開されている秘密です。曼荼羅が真実そのものを表現し、排他性がないように、密教はすべてを包容する教えであり、大乗仏教の正統なる後継者ともいうべきもので、仏教思想を見事に完成させて開いた大輪ともいうべき教えです。

この密教を歴史的に区分すると、インドの六世紀までの密教を前期密教、七世紀から八世紀半ばまでを中期密教、八世紀後半以降を後期密教と呼びます。前期密教は真言《しんごん》・陀羅尼《だらに》を説き儀礼化が進みますが、思想的な体系化はまだです。そのため雑密《ぞうみつ》といわれます。中期密教は純密《じゅんみつ》といわれ、『大日経』・『金剛頂経』が成立して思想も体系化し、三密行による悟りを目的とし、真理を示す曼荼羅がつくられました。この時期の密教が中国を経て日本に伝来し、真言密教（東密《とうみつ》）と天台密教（台密《たいみつ》）となりました。後期密教はタントラと呼ばれる聖典によって、より理想的実践的展開をみせ、現在のチベット密教にその伝統を伝え、さらに密教はネパール・モンゴル・朝鮮・東南アジアへも伝播しました。まさにアジア全体を密教でおおったのです。

釈論《しゃくろん》

竜樹著『釈摩訶衍論《しゃくまかえんろん》』十巻の略名（ときに『大智度論』を釈論と呼ぶことがあります）です。姚秦筏提摩多訳。『大乗起信論』の註釈書で、それまでの註釈書には見られない独自の見解が随所に見受けられ、とくに不二摩訶衍説・如義言説・二心識の説などは有名。古来より真偽の議論が盛んで、朝鮮撰述とも、中国撰述ともいわれますが、空海が竜樹の真作と定め、真言宗所学論蔵の一つとして『三学録』にのせ、さらには『弁顕密二教論』『秘蔵宝鑰《ひぞうほうやく》』などの主著に『釈論』を多く引用して顕教と密教の優劣を判ずる証文とし、真言学徒の必修の論となりました。

十住心論《じゅうじゅうしんろん》

空海撰。世間・出世間に始まり、小乗・大乗および真言行者の境界へと十種の住心（真の仏教に到達する十の段階）に分類して真言宗の教義を宣揚した綱要書で、真言宗の立教開宗の書。十巻。詳しくは『秘密曼荼羅十住心論』という。淳仁天皇の天長年間（八二四～八三四）に、勅詔に応じて作成された。『弁顕密二教論』が横《おう》の教判と呼ばれるのにたいして竪《しゅ》の教判と呼ばれます。その十種の住心とは①異生羝羊心（外道）、②愚童持斉心（儒教）、③嬰童無畏心（道教）、④唯蘊無我心（声聞乗）、⑤抜業因種心（縁覚乗）、⑥他縁大乗心（法相宗）、⑦覚心不生心（三論宗）、⑧一道無為心（天台宗）、⑨極無自性心（華厳宗）、⑩秘密荘厳心（真言宗）で、順に深い境地に達する段階を表しています。なお、『十住心論』の略論として『秘蔵宝鑰《ひぞうほうやく》』があります。

大日経《だいにちきょう》

七世紀の中ごろ、仏教の研究が盛んであったナーランダーもしくは西インド地方のいずれかで成立した可能性が強いとされており、『金剛頂経』とともに両部の大経と重視され、それまでの仏教思想の集大成ということができます。七巻。善無畏訳。正しくは『大毘盧遮那成仏神変加持経』といいます。日本へは奈良時代にすでに渡来していました。『大日経』には、広本と略本との二つの原典が存在したとする伝説がありますが、現存の漢訳・チベット訳は十万頌三百巻の広本から抄訳した略本とみなされています。初めの第一住心品は、真言密教の中心教義を述べ、第二具縁品以下には、曼荼羅・印契・真言など、修道を中心に述べ、最後に供養の方法を説きます。『大日経』は、執金剛秘密主の質問にたいして真言密教の教主大日如来が答える形式をとっており、悟りの智慧（一切智智）をいかに得るかという方法と、その根拠を明かしたものです。註釈書としては、その訳者善無畏の講述を一行《いちぎょう》が書きとめた『大日経疏』があります。この『大日経疏』は『大日経』の単なる註釈にとどまらず、即身成仏思想などを記し、その思想内容はより発展的です。

大日経疏《だいにちきょうしょ》

『大日経』の前六巻三十一品の注釈書。二十巻。善無畏口述・一行記。正しくは『大毘盧遮那成仏経疏』といい、単に大疏ともいいます。単なる注釈にとどまらず発展した思想内容をふくみ、真言密教では『大日経』の注釈書中、もっとも重要な書。真言密教においては、この書の第一住心品の疏（注釈）を口《くち》ノ疏、具縁品以下を奥《おく》ノ疏といい、教義と修行方法の根本典籍としています。また大日経の最後の第七巻、供養次第法の注釈二巻は、新羅の僧、不可思議法師が善無畏の口述を聞いて記述したといわれ、「不思議疏」といわれます。さらに『大日経疏』二十巻を智儼と温古が校訂した『大日経義釈』十四巻がありますが、前者は真言宗が、後者を天台宗がそれぞれ用いて独自の教学を展開させました。

付法伝《ふほうでん》

付法伝とは師匠から弟子へ次々と法を伝える意味で、付法伝とは真言宗の教法が伝えられた経路を示す空海の書。広本二巻と略本一巻の二つがあります。広本を『秘密曼荼羅教付法伝』といい、一般に広付法伝といいます。略本を『真言付法伝』といい、一般に略付法伝といいます。この書物は最初に真言密教の起源を明かし、ついで真言付法の七祖、大日如来・金剛薩埵・竜猛菩薩・竜智菩薩・金剛智三蔵・不空三蔵・恵果阿闍梨（略付法伝では別に善無畏三蔵・一行阿闍梨を加えます）の活躍と伝記を明かしており、ついで歴史上実在した菩薩・三蔵・阿闍梨に至る付法の系譜や伝記をしるします。

弁顕密二教論《べんけんみつにきょうろん》

空海が顕教と密教の相異を論じた書。二巻。単に二教論ともいわれます。空海はすべての宗教は真言密教の教えに含まれるとする思想を生涯貫いています。一方、種々の教えにどのような相異があるかという一応の目安を示すために、道教や儒教よりも仏教、仏教のなかでも小乗より大乗、そのなかでも顕教より密教のほうが広く高い立場から全世界を把握していると主張します。この書物もその一つで、顕教と密教がどのように異なっているかを明らかにしたものです。古来これに四種の分類法があり、能説の仏身・所説の教法・成仏の遅速・教益の勝劣という分け方がされています。

真言密教では宇宙の真理そのものを大日如来の法身とし、現実世界の現象は大日如来の説法そのものであること、またその説法の内容は真理絶対の世界、仏の世界を説いているという法身説法を主張し、これが真言密教における仏身と教法の特長です。その説法を聞くには特定の行法や言語によらなければならないので「秘密」、あるいは「密教」といいます。この特定の行法・言語によってただちに聞くことができ、それを会得した人はだれでも真理（仏の世界）に至ることができるといいます。これが即身成仏であり、密教の勝っているところとされています。

菩提心論《ぼだいしんろん》

菩提心（悟りを求める心）を発《おこ》して、勝義・行願・三摩地という菩薩（悟り）の行を修行せよと説き、ついでそれぞれの解説を展開した書。正式には『金剛頂瑜伽中発阿耨多羅三藐三菩提心論』または『瑜伽惣持教門説菩提心観行修持義』ともいう。竜猛菩薩造・不空三蔵訳とされているが、不空自身が書いたとも考えられます。勝義心とは深般若心《じんぱんにゃしん》ともいい、種々ある仏教の教えのなかから真言密教を選んで無上の悟りを体得すべきことを明かしています。行願心は大悲心ともいい、慈悲の心にもとづき、利他行ですべての人々にも無上の悟りが得られるよう指導すべきこと。三摩地心は真言密教独特の行で、この行によって即身成仏が可能であることを明かしています。この三種の行は真言宗の僧侶にとってとくに尊重しなければならないものです。

即身成仏《そくしんじょうぶつ》

凡夫の肉身そのままで仏になる、あるいは、凡夫の身に仏が現成《げんじょう》するという意味で、真言宗の根本教義。一般の仏教（顕教）では三阿僧祇劫という無限の時間を費やして仏となると説くのにたいして、密教では釈尊の菩提樹下での正等覚（悟り）そのものの様態を想定して表現したものと考えられます。空海によれば、即身成仏はすでに『大日経』・『金剛頂経』・『菩提心論』に説かれていることになりますが、即身成仏の用語そのものは竜猛の作と伝える『菩提心論』にみられます。

即身成仏の理論的根拠は『即身成仏義』（空海著）に説かれています。即身成仏の解釈としては、『異本即身義』のなかに理具成仏・加持成仏・顕徳成仏の三種が説かれます。この三種成仏を本有《ほんぬ》・修生《しゅしょう》で分ければ、理具成仏は本有、つまり人がもともとそなえている仏性による成仏であり、加持成仏・顕徳成仏の二種は修生、つまり修行で獲得した仏性による成仏とされます。

月輪観《がちりんがん》

密教の基本的な観法。密教では月輪を自心にたとえ、心月輪ともいいます。『菩提心論』によれば、なぜ自心を月輪にたとえるかというと、つぶらな満月は菩提心（悟りの心）と相似するからだと説きます。自心に菩提心（自浄菩提心）を悟るのを目的とするのが月輪観です。阿字観や字輪観も月輪観を基礎にしており、金剛頂経で説く五相成身観なども月輪を五相に分けて観じていく月輪観といえます。

印契《いんげい》

印相・密印《みついん》ともいい、狭義では手印のこと。広義では大・三昧耶・法・羯磨の四種曼荼羅（四曼）をことごとく印と名づけます。手印はヒンドゥー教や民間信仰にあったものを密教思想により組織体系化したもので行法の中心となりました。手印はその形や組み方によってさまざまな意味を表し、すこぶる多くの種類がありますが、十二合掌・六種拳の計十八種を基本とすることから、この十八種の手印を印母《いんも》といいます。また、印契と真言を並称して印明《いんみょう》といいます。印は諸尊の身密（身体）をいい、明は明咒すなわち諸尊の真言・語密（言葉）をさします。この身・語の両密は諸尊の三摩地すなわち意密（心）と相応し、一の印契を結び、一の真言を誦することによってその功徳はきわめて広大とされます。

三密《さんみつ》

密教では宇宙の真理そのものである法身大日如来を教主としていますが、その大日如来の働きは、身密・口密・意密の三密によるとします。したがって三密とは法身大日如来の身体の働きと言葉、そして心の想いを意味し、宇宙の一切の形色・物質は身密、一切の音声・音響は語密、一切の理・法則は意密となります。これにたいし迷いの世界にある衆生の言動などは三業というべきですが、密教では如来と衆生とは本質において一体でありますから衆生の三業をも三密といいます。この如来の三密に等しい衆生本来の三密を「本有の三密」といいます。そして、諸尊の印契（身）・真言（口）・観念（意）を規範とし、まず自己の三業を浄化するために手に印契を結び、口に真言を唱え、心に如来を憶念する修行を三密行といいますが、それは真言行者が最終目的である即身成仏を実現するための行です。

三昧耶《さんまや》

時・平等・本誓・除障・驚覚などの意味があります。時とは単なる時間とは異なり、如来（仏）が説法しようとする時、そして衆生がそれを全身全霊をかたむけて聞こうとする時のことですが、密教では大日如来はつねに説法しつつあるとされ、衆生がそれを自覚した時が、すなわち三昧耶とされます。平等・本誓・除障・驚覚は『大日経疏』第九において、入仏三昧耶（三平等）を解釈するさいに述べられる四つの意義です。平等とは如来と衆生が本来平等であることを仏が衆生に覚らしむること。本誓とは如来がすべての衆生を無上菩提（悟り）に至らしめんと大誓願を立てること。除障とは如来が衆生の迷いを取り除こうとすること。驚覚とは無明の眠りにある衆生を如来が覚醒させること。また真言の修行者が聖尊を驚覚することの二つの意味があります。

三昧耶形《さんまやぎょう》

諸尊が手にもつ器物および手に結ぶ印契の総称。略して三形ともいいます。三昧耶には平等・本誓・除障・驚覚の四つの意味があり、諸尊の内証（悟り）は、この四つの意味を表した三昧耶形として示されます。このため印契や持ち物によっても尊名や性格を知ることができます。この三昧耶形のみで描かれる曼荼羅を三昧耶曼荼羅といい、金剛界曼荼羅では三昧耶会と降三世三昧耶会に示されます。

三平等《さんびょうどう》

三三昧耶《さんさんまや》ともいいます。三昧耶とは悟り・平等の意味。自心と仏と衆生、身口意の三密、自他共、理行果、仏法僧の三宝、法応化の三身、過去現在未来の三世など、それぞれに三種が平等であることをいいます。『秘蔵記』には「三密（身心のすべて）をもって一切諸法を摂す」とあり、広義にはすべての法は大日如来の三密に包摂されるために、そこでは万法が平等となります。阿三迷（等しきものなき）底哩三迷（三平等の）三摩曳（三昧耶）の句をもつ入仏三昧耶の真言があります。

三乗《さんじょう》

一般仏教では、声聞乗（釈尊の声を聞いて悟りを得ようとする者）・縁覚乗（釈尊の教えである縁起の法によって悟りを得ようとする者）・菩薩乗（大乗仏教の利他の行によって悟りに達しようとする者）を三乗としますが、真言密教では、これをより深く解釈し、それぞれに身口意の三密を配します。声聞は声による得道であるから語密、縁覚は十二因縁を観じて悟るために心密とし、菩薩は大悲心（慈悲）から利他のために娑婆世界に身を変じて衆生を済度するところから身密とされます。

一切智智《いっさいちち》

一切の智のなかのもっともすぐれた智。『大日経』巻第一には五大（事物の構成要素である地・水・火・風・空）にたとえて一切智智を説き、この一切智智は菩提心（悟りを求める心）を因とし、大悲（慈悲）を根とし、方便（実際的な手段）を究竟（究極）として獲得する旨を説いています。また『大日経疏』巻第一には「衆生自心品即一切智智」と説かれており、衆生自ら実のごとく自心を知れば一切智智を得ることを示しています。

教相判釈《きょうそうはんじゃく》

数多くの経典を比較分類し、自らの依るべき経典を明らかにすること。それを略して教判といいます。真言密教では空海が横竪の二方面から教相を判釈しています。

横の教判は『弁顕密二教論』に説かれます。①顕教（一般の仏教）の教主は肉体をもった応身であり、密教の教主は姿形・言語を超越した法身（真理そのもの）です。②顕教では仏の悟りそのものは説くことができませんが、密教では内証智（悟り）の境界が説かれます。③顕教の成仏は長時間の修行が必要、密教では現生に成仏を得られます（即身成仏）。④密教は顕教にたいして勝益（霊験）が大です。

竪の教判とは『十住心論』などに説かれます。中国の儒教・道教、仏教の声聞・縁覚、大乗仏教中の法相・三論・天台・華厳の諸思想を前九住心に位置づけ、第十住心（秘密荘厳心）を密教にあて、顕教にたいする密教の優位性を主張します。

灌頂《かんじょう》

法を授ける儀式で頭に水を灌《そそ》ぎかけること。もとはインドで、国王の即位や立太子のときに水を頭上にそそぐことによって、将来四大海を掌握する王になるという意味の儀式でした。大乗仏教では菩薩が最終の地位（第十地）に入るとき、諸仏が智水を菩薩の頂にそそぎ、法王になれるという意味に転じました。密教では、如来の五智を象徴する五瓶の水を弟子の頭頂にそそぐことによって阿闍梨《あじゃり》となし、法灯を継承する重要な儀式です。灌頂は内容・目的・形式などによって多くの種類があります。人の師・阿闍梨となる者に大日如来の秘法を授ける伝法灌頂、真言行者となる人にたいし、有縁の一尊の法を授ける受明灌頂、多くの人々に仏縁を結ばせ、本来具有している仏性を開発させる結縁灌頂などがあります。

五仏《ごぶつ》

大日如来を中心として、その四方に坐す四仏を合わせて五仏といい、五如来・五智如来などともいいます。大日如来のもっている智慧・功徳を四つに分けたものが四智であり、四仏です。金剛界では阿閦仏《あしゅくぶつ》（東）・宝生仏（南）・阿弥陀仏（西）・不空成就仏（北）の四仏、胎蔵部では宝幢仏（東）・開敷華王仏《かいふけおう》（南）・無量寿仏（西）・天鼓《てんく》雷音仏《らいおん》（北）の四仏で、金胎で名称を異にしますが、それぞれ同体の仏という説もあります。

金剛薩埵《こんごうさった》

真言宗付法の第二祖で、金剛手・秘密主ともいい、また、普賢菩薩と同一とする考え方もあります。金剛界曼荼羅では成身会・三昧耶会・微細会《みさい》・供養会のなかで阿閦《あしゅく》如来をとり囲む四菩薩の第一として前方に坐します。

理趣会では主尊として中央に坐し、欲・触・愛・慢の四菩薩が四方を囲んでいます。胎蔵曼荼羅では向かって右側金剛手院の主尊です。この菩薩は、衆生すべてが心の奥にもっている菩提心（悟りの心）を意味しており、一切衆生の煩悩の主体という意味もあって、衆生の煩悩がそのまま菩提心であることを表した菩薩で、菩提心の徳をもつ阿閦如来の前方に坐しています。また、一切衆生の代表者ということから、大日如来（第一祖）の説法を最初に聞き、竜猛《りゅうみょう》菩薩（第三祖）に授けた菩薩で、仏界と人間との接点に位置する重要な菩薩です。

入定《にゅうじょう》

本来は禅定に入ることをいいますが、真言宗においては、弘法大師空海は入滅したのではなく禅定に入っているのだと伝えられており、とくに入定と呼んでいます。そのときは承和二年（八三五）三月二十一日寅刻、結跏趺坐をして大日如来の定印を結び、弥勒菩薩が仏としてこの世に出現したときに再来することを願い入定したといいます。六十二歳でした。

＊なお、福田亮成著『真言宗小事典』（法蔵館）を参照して下さい。

弘法大師＝空海年譜

西暦	元号	〈事　蹟〉	〈社会文化・関連事項〉
七七四	宝亀　五	一歳 ◇六月一五日、讃岐国多度郡屏風浦に父佐伯田公、母阿刀氏の三男として生まれる。幼名真魚。	六月一五日、唐の不空三蔵寂。
七七五	六		六月、遣唐大使に佐伯今毛人を任命。 一〇月、吉備真備（八三）歿。
七七九	一〇		二月、淡海三船、唐大和東征伝を撰す。
七八〇	一一		一二月、墳墓を破壊して寺を造ることを禁ず。
七八一	天応　元		四月、桓武天皇即位。
七八二	延暦　元		この年、室生寺が建立される。
七八三	二		六月、寺院の増設と寺領の拡大を禁止。

七八四	延暦 三		一一月、天皇、長岡京に移る。
七八五	四		七月、最澄、比叡山に庵を構える。
七八六	五		一月、近江滋賀郡に梵釈寺を造る。
七八八	七	一五歳 ◇母方の伯父阿刀大足について論語、孝経、史伝、文章等を学ぶ。	この年、最澄が比叡山延暦寺を創建。
七九〇	九		五月、旱天のため雨を祈る。 八月、大宰府、飢民八万八千余人を救恤する。 一〇月、佐伯今毛人（七二）歿。
七九一	一〇	一八歳 ◇上京し、大学明経科に入学。味酒浄成、岡田牛養に学ぶ。	この年、興福寺四天王像なる。
七九二	一一		七月、葬儀の奢侈を禁ず。 この年、学徒に漢音を習塾させる。
七九三	一二	二〇歳 ◇三論、法相、華厳等の仏教を学ぶ。 ◇この頃、道慈、善議の系列に属する一沙門（一説には勤操）から虚空蔵求聞持法を受け、阿波国大滝岳、土佐国室戸埼などで修行に励	四月、年分度者で漢音を習わぬ者は得度を禁ず。 この年、新薬師寺薬師像なる（木彫）。

		む。	
七九四	一三		遷都の勅を下し、平安京とす。 八月、続日本紀の撰修始まる。
七九五	一四		四月、百姓の宅地、田畑を寺に売ることを禁ず。 この年、大極殿落成。
七九六	一五		八月、諸国に地図を作らせる。 この年、東寺・西寺・鞍馬寺が建立される。 一二月、行賀、大僧都に任ず。 勤操、法華八講を石洲に始修す。
七九七	一六	二四歳 ◇一二月一日、仏教への開眼を促す。『聾瞽指帰』一巻、出家宣言を意味する『三教指帰』三巻を撰す。	六月、収租の法を改正。 西大寺十二天像なる。
七九八	一七	二五歳 ◇沙弥となる。 ◇この頃、大日経等の密教経典に接す。	六月、帰化した唐人を優遇。 六月、大安寺等、十大寺を官寺とする。
七九九	一八	→	一月、和気広虫（七〇）歿。 二月、和気清麻呂（六七）歿。 六月、飢饉のため美作等一一国の田租を免ず。

八〇〇	延暦一九	空白の七年半 →	二月、蓄銭叙位をやめる。 三～四月、富士山噴火。 元興寺薬師如来像なる。このころより催馬楽が行われる。
八〇一	二〇		八月、藤原葛野麿を遣唐大使とする（八〇四年三月に出発）。
八〇二	二一		一月、三論・法相二宗の専門に偏ることを制する。 七月、最澄、高雄山寺にて法華講莚を開く。
八〇三	二二		三月、行賀（七五）歿。 三月、第一六次遣唐使、難波を出帆、暴風雨に遭遇し中止。 僧の三論を学ぶ者が少なく法相を崇ぶ者が多い。
八〇四	二三	三一歳 ◇四月八日、出家得度、東大寺戒壇院で具足戒を受く。 ◇五月一二日、留学生として、第一六次遣唐使団に同行。 ◇七月六日、遣唐船第一船に大使藤原葛野麿とともに上船し、肥前松浦郡田浦を出帆。	一月、僧徒の破戒を戒める。 七月、最澄・菅原清子公は第二船に上船。

		◇八月一〇日、福州長渓県赤岸鎮に到る。 ◇一〇月三日、藤原大使のために福州の観察使に書状を送る。 ◇福州の観察使に啓を送り入京を請う。 ◇一二月二三日、長安に到り、宣陽坊の官宅に入る。	
八〇五	二四	三二歳 ◇二月一〇日、長安醴泉寺にて般若三蔵や北インドの牟尼室利について、梵語、婆羅門の宗教および所説の教法等を学ぶ。 ◇六月一三日、長安青龍寺の恵果和尚について密教を受法す。 ◇青龍寺東塔院灌頂道場にて、伝法灌頂、胎蔵金剛両界の五部灌頂を受ける。	六月、遣唐大使藤原葛野麿、最澄らとともに帰国。 七月、坂上田村麿、清水寺を建立。 八月、最澄、帰朝して唐の仏像を献じ、天台宗を始める。 一二月、恵果和尚、青龍寺東塔院にて寂。
八〇六	二五・大同元　三三歳	◇一月一七日、諸弟子の中、選ばれて恵果和尚の碑文『大唐青龍寺故三朝国師碑』を撰す。 ◇遣唐判官高階遠成、留学生橘逸勢らとともに帰国を唐朝に申請し、橘逸勢のために帰国願いの啓を撰す。 ◇四月、越川の節度使に仏典その他の経書を求	三月、桓武天皇（七〇）歿。 六月、大学の入学を一〇歳以上とする（令は一三歳とす）。

	大同　元	むる書状をおくる。 ◇八月、高階遠成らと明州を発し帰国の途につく。 ◇一〇月、大宰府に帰着。 ◇一〇月二二日、高階遠成に付して『新請来経等目録』を上表す。顕密対弁を表す。	
八〇七	二	三四歳 ◇二月一一日、大宰田小弐の先妣田中氏の周忌斎を行い手千眼観音等十三尊を図絵し、法華経、般若心経等を書写す。 ◇一説にこの年に入洛、密教流布の勅宣を賜う。	四月、嵯峨天皇即位。 大同年中に初めて穀倉院を置く。 延暦・大同年中、和気弘世が弘文院を創立。
八〇九	四	三六歳 ◇一説には、この年のはじめ頃に上京（雑筆上）。 ◇七月一六日、京都入住の許可下る。 ◇八月　高雄山神護寺に入る。 ◇一〇月三日、勅により『世説』の一文を屏風に書いて進献す。	
八一〇	五・弘仁元	三七歳 ◇一〇月二七日、高雄山寺にて鎮護国家のため	九月、平城上皇、遷都を計り、動乱起きて

		に修法せんことを請う。 ◇勅許を得て、実慧、杲隣、智泉など数名の弟子に密教を教授す。 ◇東大寺別当に補せらる。寺務四年。東大寺真言院を始める。	藤原薬子自殺〈薬子の乱〉
八一一	二	三八歳 ◇六月二七日、勅により劉希夷集等を書写し、実慧を遣して進献す。 ◇一一月九日、山城乙訓寺の別当に補せられ、修造を加う。	この年、最澄の羯磨金剛目録成る。
八一二	三	三九歳 ◇七月二九日、勅により急就章等一〇巻を進献す。 ◇九月　最澄に書信をおくり、最澄、室生の某師らとともに新仏教のとるべき道をはかることを提案す。 ◇一〇月二九日、乙訓寺の別当を解任。高雄山寺に移る。 ◇一一月一五日、高雄山寺にて金剛界結縁灌頂を行い、最澄、和気真綱、和気仲世、美濃種人等入壇す。	

	弘仁　三	◇一二月一四日、高雄山寺にて胎蔵の結縁灌頂を行う。入壇者は最澄、賢栄、泰法、忠栄、泰範、長栄、円澄以下、僧俗一九二人。 ◇一二月、高雄山寺の三綱を択任。	
八一三	四	四〇歳 ◇三月六日、高雄山寺にて金剛界の伝法灌頂を行う。 ◇五月三〇日、諸弟子に教誡を発して真言密教の本旨を示す。 ◇一〇月『中寿感興詩』を賦し、『文殊讃法身礼方円図』および『注義』を撰す。	この年、藤原冬嗣が興福寺南円堂を建てる。 一一月、最澄、空海に経書の借覧を請う。
八一四	五	四一歳 ◇七月八日、『梵字悉曇字母并に釈義』『古今篆隷文体』等九巻を進献す。	七月、班田を督励。 小野岑守ら、凌雲集を撰進。
八一五	六	四二歳 ◇四月一日、『勧縁疏』を撰して東国各地および鎮西府などへ弟子を派遣し、陸州の徳一、下野の広智、甲州の藤原太守、常州の藤原使君等に密教経典の書写流布を依頼す。 ◇この頃『弁顕密二教論』を撰す。	この年、多雨、被害多い。 一月、対馬に新羅訳語（通訳）を置く。
八一六	七	四三歳	三月、最澄、天台霊応図・新集聖教序等を

		◇六月一九日、修禅の地として高野山を下賜されんことを上表す。 ◇七月八日、高野山開創の勅許を受く。	進上する。 四月、永忠（七四）歿。 一〇月、新羅人一八〇人帰化する。
八一七	八	四四歳 ◇実慧、泰範等を派遣して高野山開創に着手す。	
八一八	九	四五歳 ◇一一月一六日、勅許の後始めて高野山に登り、禅院を経営す。 ◇一二月、藤原に急就草篇を書いて贈る。	この年、文華秀麗集成る。 四月、諸大寺に雨を祈る。 一一月、藤原葛野麿（六四）歿。
八一九	一〇	四六歳 ◇五月三日、高野山に伽藍を建立するために壇場等を結界を行う。 ◇この頃『秘密曼荼羅教付法伝』二巻を著す。 ◇この頃『即身成仏義』を撰し、その後『声字実相義』、さらに『吽字義』を著す。	三月、最澄、比叡山に戒壇を建立することを請う。 五月、護命ら、最澄の戒壇建立を拒む。
八二〇	一一	四七歳 ◇五月、『文筆眼心抄』一巻を撰す。これより先に『文鏡秘府論』六巻を著す。 ◇七月二六日、一説に真際等を伴い東国を巡化す。	二月、最澄、顕戒論を進上す。 四月、凶作により諸国の未納の租庸調を免除する。 五月、国郡司に行路病者を救助させる。

	弘仁一一	◇この年、道俗に勧財して東大寺にて『華厳経』一部八十巻を書写供養し、「華厳会の願文」を撰す。	
八二一	一二	四八歳 ◇五月二七日、太政官符により讃岐万濃池の築池別当に任ぜられる。 ◇九月七日、入唐請来の両部曼荼羅および七祖等の尊像二十六鋪を修補し、影像の賛文を撰す。故藤原葛野麿のために『理趣経』を図写して供養す。 ◇『真言付法伝』を著す。	この年、藤原冬嗣が勧学院を創立する。
八二二	一三	四九歳 ◇九月一三日、東寺あるいは高雄にて鎮護国家のために仁王経法を修す。 ◇この年、平城上皇に三昧耶戒を授け入壇灌頂せしめる。 ◇この時、「平城天皇灌頂文」、『秘密三昧耶仏戒儀』を撰す。 ◇この頃、十住心の思想が明確に形成されたと思える。	二月、東大寺に灌頂道場を建立。 三月、近江国、穀十万斛を穀倉院に納める。 六月、最澄（五七）歿。 六月、比叡山に戒壇の設置を許す。
八二三	一四	五〇歳	二月、比叡山寺、寺号を延暦寺に改める。

		◇一月一九日、嵯峨天皇より東寺を賜う。 ◇四月二四日、淳和帝即位の儀を賀す表を奉る。 ◇一〇月一〇日、「真言宗所学経律論目録」（三学録）を作り進献す。これにて太政官符を下し、東寺に僧五十口を常住せしめ、他宗の僧の雑住を禁ず。 ◇この年、嵯峨上皇に灌頂を授く。 ◇円行に両部大法を授く。	四月、淳和天皇即位。
八二四	天長　元	五一歳 ◇二月、勅により神泉苑にて請雨経法を修す。 ◇三月二六日、少僧都に直任さる。 ◇四月、少僧都を辞する表を提出。允許のことなし。 ◇九月二七日、高雄山寺を定額寺となし、得度経業を定め、僧二十一口を置き、神護国祚真言寺と改称。	七月、平城上皇（五一）歿。
八二五	二	五二歳 ◇四月八日、東寺夏安居に『守護国界主陀羅尼経』を講ずることを奏し、勅許さる。 ◇五月、「亡弟子智泉の為の達嚫文」を撰し逝	二月、智泉、高野山東南院にて寂。 四月、疾病災異を払うことを祈願し、救済を行い、調庸を免除する。

	天長　二	去を悼む。	景戒が日本霊異記を著す。
八二六	三	五三歳 ◇三月一〇日、勅により西寺にて護命を講師として桓武天皇のために『法華経』を講讃す。空海は達嚫文を撰す。	七月、藤原冬嗣（五二）歿。
八二七	四	五四歳 ◇三月一日、「十喩詩」を詠じ下野の広智に贈る。 ◇五月一日、勅により、大極殿にて、祈雨の大会を催す。 ◇五月二八日、大僧都に任ぜらる。	五月、延暦寺戒壇院が建立さる。良岑安世ら、経国集を撰上する。 五月、勤操寂。 この年、実慧、河内観心寺を建立。 七～一〇月　地震しばしば起きる。 小野岑守、大宰府に統命院を建て往来の宿舎とする。
八二八	五	五五歳 ◇四月一三日、勤操の周忌に『梵網経』を講讃し、影像の讃を撰す。 ◇一二月一五日、東寺の東に綜芸種智院を創立し、式ならびに序を撰す。庶民に対する総合教育をめざす。 ◇この年、神護寺にて、道昌に両部灌頂を授く。 ◇わが国最初の字書『篆隷万象名義』三〇巻を撰す。	五月、大雨、京中氾濫す。

八三〇	七	五七歳 ◇この年、広大な思想体系を成した『秘密曼荼羅十住心論』一〇巻、秘蔵荘厳の世界を『秘蔵宝鑰』三巻にまとめ朝廷に献上す。 ◇この年頃『三昧耶戒序』成る。	一月、出羽の国に大地震、秋田城・四天王寺等倒れ、死傷者百人に及ぶ。 四月、小野岑守（五三）歿。 七月、諸国の名神および大寺に災害消滅を祈らせる。 七月、良岑安世（四六）歿。 一〇月、大納言藤原三守ら、新撰格式を撰上する。 神護寺の両界曼荼羅図なる。
八三一	八	五八歳 ◇六月一四日、病により大僧都を辞せんことを請う。 ◇辞任の勅許なし。心を励まし療養をすすめる勅答あり。	この年、滋野貞主ら、秘府略を撰上する。
八三二	九	五九歳 ◇八月二四日、高野山にて万灯万華の法会を行う。 ◇一一月一二日、高野山にて穀味を厭いてもっぱら坐禅す。	
八三三	一〇	六〇歳 ◇二月五日、真雅に真言の秘印を授く。	二月、清原夏野ら令義解を撰上する（翌年一二月施行）。

	天長一〇	◇この年、金剛峰寺を真然に付嘱し、実慧に助成せしむ。	五月、武蔵国多摩・入間両郡界に悲田処を置き、行路の飢病を救う。 一〇月、円澄（六二）歿。 この年、広隆寺講堂の阿弥陀如来像なる。
八三四	承和　元	六一歳 ◇五月二八日、弟子等に遺誡す。 ◇八月二三日、高野山に仏二基、両部曼荼羅を発願。 ◇一二月二四日、東寺に三綱の勅を給う。 ◇真然に真言の秘法を授く。	一月、藤原常嗣・小野篁らを遣唐使に任ず（八三八年七月出発）。初めて検非違使別当を置く。 紀伝博士をやめて文章博士を二人とする。
八三五	二	六二歳 ◇一月二二日、真言宗年分度僧三人を上奏、二三日許さる。 ◇一月、高野山にて病む。 ◇二月三〇日、金剛峰寺、定額寺となる。 ◇三月一五日、遺告二十五条を制す。 ◇三月二一日、高野山にて入定。 ◇一〇月七日、嵯峨上皇、挽歌を賜い、空海の示寂を哀悼す。	一月、承和昌宝を鋳る。 三月、壱岐島に防人を置く。 六月、大安寺僧忠一に、東海・東山二道の要港に渡舟を増し、浮橋を造り布施屋を建てさせる。 この年、紀福吉、治瘡記を著す。
九二一	延喜二一	〔寂後、八六〕 ◇一〇月二七日、弘法大師の諡号を賜う。	

あとがき

空海が意図された十住心という思想体系は、その広論『秘密曼荼羅十住心論』においてはタイトルに「秘密曼荼羅」が付されています。実に、十住心の体系とは、十段階に構築された人間精神の発展的曼荼羅構図ということができます。すなわち、人間の精神的可能性は、無限に向上発展し、やがて第十の「秘密荘厳心」にまで到達するものです。この道程は空海自身が実際に辿《たど》ったものであり、それが人間の精神的発展にかさなっていることは驚嘆せざるを得ないところです。

空海二四歳の時の執筆となる『三教指帰』には、儒教・道教、そして仏教についての深い理解がなされ、三一歳での入唐《にっとう》を経て、恵果阿闍梨のもとで密教の深奥に到達したことが、この十住心体系を構築する前提となっていたことは間違いありません。

インドの仏教史の最後をかざった密教は、それ以前の仏教の展開の種々相を全て前提として、その上にさらなる展開が加えられたこと、このことは空海自身の求道の過程になぞられたものです。

たとえば、仏塔を考えて下さい。その尖塔が密教だとしますと、地塔から大塔にいたるまでの各層、すなわち九段階のすべては、尖塔の十段階目を支えていることになります。途中の九段階の一つでも取り外したなら、尖塔に第十段階目は存在しないことになります。空海の意図した密教とは、まさしくそのような状況の中に展開しているわけです。

空海の密教、とりわけ十住心思想は、インド・中国の密教を経て、色彩ゆたかな密教世界を拓いたものということができます。

本書は、ＮＨＫ「宗教の時間」で一年間（二〇〇八年四月～二〇〇九年三月）、一二回にわたり放送したものです。第一回の「空海の時間と空間」は空海入門であり、第二回の『秘蔵宝鑰』―その著述目的と概要―は、『秘蔵宝鑰』の紹介であり、残りの一〇回に第一住心から第十住心を配当し、放送時間の関係上、『秘蔵宝鑰』の各住心の著述内容の多寡《たか》にかかわらず、一定の分量で統一しました。このたびの出版にあたり、小見出しを付け、関連する一二のテーマのコラムを加えました。

コロナ禍の出版を取り巻く困難な状況の中で、出版を快諾していただいた国書刊行会・佐藤今朝夫社長の決断と厚情に感謝いたします。また、コラム執筆や読みやすい内容への編集に尽力してくれた旧知の割田剛雄氏・吉原悠氏にお世話になりました。本書は、長年にわたり研究・執筆・出版を続けて参りました私にとっても、自坊の真言宗成就院の長老に就任して一〇年目の、思い出深い一冊となりました。

有縁の方々への感謝を込めて、心よりお礼申し上げます。

二〇二〇年八月

福田　亮成

著者
福田 亮成（ふくだ・りょうせい）
1937年、東京に生まれる。東洋大学文学研究科仏教学専攻博士課程修了。大正大学教授、智山伝法院々長、川崎大師教学研究所所長を経て、大正大学名誉教授。種智院大学客員教授。文学博士。真言宗智山派成就院長老。主な著書に、『理趣経の研究――その成立と展開――』（国書刊行会）、『弘法大師の教えと生涯』（ノンブル社）、『空海思想の探求』（大蔵出版）、『空海要語辞典』Ⅰ・Ⅱ・Ⅲ・Ⅳ（山喜房仏書林）。弘法大師に聞くシリーズ『般若心経秘鍵』『秘蔵宝鑰～密教への階梯』（ノンブル社）以下全七巻、『秘密曼荼羅十住心論』上・下（空海コレクション３・４、ちくま学芸文庫）など。

空海「秘蔵宝鑰《ひぞうほうやく》」をよむ ――心の秘宝を開く鍵――

2020年9月30日　第１版第１刷発行

著　者　福田　亮成
発行者　佐藤今朝夫

〒174-0056 東京都板橋区志村1-13-15
発行所　株式会社　国書刊行会
TEL.03(5970)7421(代表)　FAX.03(5970)7427
https://www.kokusho.co.jp

ISBN978-4-336-07067-8
印刷・株式会社エーヴィスシステムズ／製本・株式会社ブックアート